Jacob Ward

O Deus Secreto que Desafiou Cristo
Uma Jornada ao Coração do Mitraísmo

Título Original: O Deus Secreto que Desafiou Cristo
Copyright © 2025, publicado por Luiz Antonio dos Santos ME.

Este livro é uma obra de não-ficção que explora o Mitraísmo e sua relação histórica com o Cristianismo. Através de uma abordagem detalhada, o autor investiga suas origens, crenças, rituais e seu impacto no contexto do Império Romano.
1ª Edição
Equipe de Produção
Autor: Jacob Ward
Editor: Luiz Santos
Capa: Studios Booklas
Diagramação: Heródoto Mendes
Tradução: Mircea Eliade
Pesquisa e Consultoria: Mary Beard, Paul Veyne, John North, Raffaella Cribiore, Ramsay MacMullen
Revisão: Jean-Pierre Vernant, Walter Burkert e Karen Armstrong
Publicação e Identificação
O Deus Secreto que Desafiou CristoBooklas, 2025
Categorias: História das Religiões / Religião Comparada
DDC: 299.5 - CDU: 21:93/94
Todos os direitos reservados a:
Luiz Antonio dos Santos ME / Booklas
Nenhuma parte deste livro pode ser reproduzida, armazenada num sistema de recuperação ou transmitida por qualquer meio — eletrônico, mecânico, fotocópia, gravação ou outro — sem a autorização prévia e expressa do detentor dos direitos autorais.

Sumário

Indice Sistemático 4
Prólogo 12
Capítulo 1 Desvendandoo Culto Misterioso 16
Capítulo 2 O Cenário do Império Romano 22
Capítulo 3 As Origens de Mitra 27
Capítulo 4 Das Fronteiras ao Coração do Império 32
Capítulo 5 Mitra e o Exército Romano 37
Capítulo 6 A Diversidade Social do Mitraísmo 43
Capítulo 7 A Tauroctonia e o Nascimento de Mitra 49
Capítulo 8 O Ciclo da Vida de Mitra 54
Capítulo 9 O Universo em Sete Esferas 59
Capítulo 10 O Panteão Mitraico 64
Capítulo 11 Princípios e Crenças Fundamentais 69
Capítulo 12 O Caminho do Iniciado 74
Capítulo 13 A Caverna Sagrada e o Espaço Ritual 81
Capítulo 14 Iniciação e os Graus Mitraicos 87
Capítulo 15 Rituais Secretos 93
Capítulo 16 Comunhão e Fraternidade 100
Capítulo 17 Expressões da Devoção 107
Capítulo 18 Linguagem Visual do Culto 114
Capítulo 19 Força, Sacrifício e Renovação 121
Capítulo 20 O Cosmos no Mitraeu 127
Capítulo 21 Simbolismo da Luz e das Trevas 134
Capítulo 22 Outros Animais Simbólicos no Mitraísmo 141

Capítulo 23 Simbolismo dos Objetos Rituais 149
Capítulo 24 O Cristianismo Ascendente no Império Romano .. 156
Capítulo 25 Mitraísmo e Cristianismo 162
Capítulo 26 Mitraísmo versus Cristianismo na Busca por Fiéis 171
Capítulo 27 O Declínio Gradual do Mitraísmo 178
Capítulo 28 O Legado Duradouro do Mitraísmo 184
Epílogo 189

Indice Sistemático

Capítulo 1: Desvendando o Culto Misterioso - Introduz o tema do Mitraísmo, contextualizando o seu fascínio no panorama religioso contemporâneo e delineando os objetivos da obra: desvendar as origens, crenças, rituais e o contexto histórico deste culto misterioso que floresceu no Império Romano.

Capítulo 2: O Cenário do Império Romano - Mergulha no contexto histórico e cultural do Império Romano, o palco onde o Mitraísmo se desenvolveu, destacando a diversidade religiosa, o sincretismo, as crises de valores e a busca por novas formas de espiritualidade que caracterizaram este período.

Capítulo 3: As Origens de Mitra - Investiga as origens obscuras e debatidas do Mitraísmo, explorando as possíveis raízes persas e indo-iranianas do culto, o debate sobre a sua relação com o Zoroastrismo e o processo de formação do Mitraísmo no contexto romano.

Capítulo 4: Das Fronteiras ao Coração do Império - Traça a impressionante expansão geográfica do Mitraísmo pelo Império Romano, analisando os fatores que contribuíram para a sua disseminação, como o papel do exército romano, as rotas comerciais e a influência cultural romana.

Capítulo 5: Mitra e o Exército Romano - Examina a profunda ligação entre o Mitraísmo e o exército romano, explorando as razões da popularidade do culto entre os soldados, os valores e as necessidades que o Mitraísmo supria na vida militar e a evidência arqueológica da presença mitraica em contextos militares.

Capítulo 6: A Diversidade Social do Mitraísmo - Analisa a diversidade social dos adeptos do Mitraísmo, para além dos militares, mostrando como o culto atraiu comerciantes, funcionários públicos, libertos, escravos e até membros da aristocracia romana, respondendo a diferentes necessidades e aspirações sociais.

Capítulo 7: A Tauroctonia e o Nascimento de Mitra - Mergulha no mito central do Mitraísmo, a Tauroctonia, a representação de Mitra matando um touro sagrado, explorando o seu simbolismo complexo e multifacetado, a sua relação com o mito do nascimento de Mitra da rocha e a sua importância como mito fundador do culto.

Capítulo 8: O Ciclo da Vida de Mitra - Explora outros mitos e lendas que complementam a Tauroctonia, expandindo a narrativa mítica de Mitra e revelando outras facetas da sua figura e do seu papel no cosmos, como o nascimento da rocha, os seus feitos heroicos, o pacto com o Sol e a ascensão ao céu.

Capítulo 9: O Universo em Sete Esferas - Apresenta a cosmologia mitraica, centrada na ideia do universo estruturado em sete esferas planetárias, explorando o significado espiritual e simbólico de cada esfera, a sua relação com a astrologia e a crença na jornada da alma após a morte.

Capítulo 10: O Panteão Mitraico - Explora o panteão mitraico, para além da figura central de Mitra, apresentando as divindades auxiliares e figuras simbólicas que o compõem, como Cautes e Cautopates, Sol Invictus, a Lua e outras entidades, e analisando o seu papel na teologia e cosmologia mitraica.

Capítulo 11: Princípios e Crenças Fundamentais - Examina os princípios e crenças fundamentais do Mitraísmo, como o dualismo cósmico, a busca pela salvação, a imortalidade da alma, o código ético rigoroso e a metáfora da luz e das trevas, revelando a complexidade e a coerência do sistema teológico mitraico.

Capítulo 12: O Caminho do Iniciado - Analisa a ética e a moralidade no Mitraísmo, explorando o "caminho do iniciado" como uma jornada de aperfeiçoamento moral e espiritual, e delineando as virtudes mitraicas fundamentais, como a lealdade, a disciplina, a coragem, a camaradagem, a honestidade, o autocontrole e a resistência.

Capítulo 13: A Caverna Sagrada e o Espaço Ritual - Explora o mitraeu, o local de culto distintivo do Mitraísmo, analisando a sua arquitetura cavernosa, o seu simbolismo, a sua decoração e a sua função como espaço ritual, e compreendendo-o como um microcosmo que refletia a ordem cósmica e facilitava a jornada espiritual dos iniciados.

Capítulo 14: Iniciação e os Graus Mitraicos - Investiga o sistema iniciático e os sete graus hierárquicos do Mitraísmo, do Corax ao Pater, explorando o significado de cada grau, os seus símbolos e os seus ritos de passagem, e compreendendo a iniciação como uma jornada gradual rumo à iluminação e à união com o divino.

Capítulo 15: Rituais Secretos - Mergulha nos rituais secretos do Mitraísmo, explorando a sua natureza sigilosa, as diferentes categorias rituais, como as iniciações, os banquetes sagrados e outros ritos possíveis, e analisando as ações simbólicas, os objetos rituais e o objetivo final dos rituais mitraicos.

Capítulo 16: Comunhão e Fraternidade - Examina as refeições rituais e os banquetes mitraicos, explorando o seu significado como atos sagrados de comunhão e fraternidade, a atmosfera que os envolvia, os alimentos e bebidas consumidos, e a sua importância para fortalecer os laços sociais e a identidade comunitária mitraica.

Capítulo 17: Expressões da Devoção - Analisa as expressões verbais e performativas de devoção no Mitraísmo, explorando a possível existência de hinos, orações e outras formas de liturgia, e a forma como os iniciados expressavam a sua fé e devoção através da palavra, do canto e de gestos rituais.

Capítulo 18: Linguagem Visual do Culto - Explora a arte e a iconografia como uma linguagem visual fundamental no Mitraísmo, analisando a centralidade da imagem, o simbolismo da Tauroctonia, a variedade de cenas míticas e figuras representadas, e a função da arte na comunicação religiosa, na criação da atmosfera ritualística e na experiência dos iniciados.

Capítulo 19: Força, Sacrifício e Renovação - Examina o simbolismo multifacetado do touro no Mitraísmo, explorando as suas conotações de força primordial, fertilidade, sacrifício, morte e renovação, e a sua importância central na cena da Tauroctonia e na mensagem do culto.

Capítulo 20: O Cosmos no Mitraeu - Analisa o simbolismo zodiacal omnipresente na arte e arquitetura mitraicas, explorando o significado dos signos zodiacais, a sua relação com a astrologia, a cosmologia mitraica e a crença na influência cósmica sobre o destino humano, e compreendendo o mitraeu como um microcosmo do universo.

Capítulo 21: Simbolismo da Luz e das Trevas - Explora o simbolismo da luz e das trevas como expressão visual do dualismo cósmico no Mitraísmo, analisando as suas representações na arquitetura do mitraeu, na iluminação ritual, na iconografia e nas figuras de Cautes e Cautopates, e a sua relação com a ética, a soteriologia e a jornada espiritual mitraica.

Capítulo 22: Outros Animais Simbólicos no Mitraísmo - Complementa o bestiário simbólico do Mitraísmo, explorando o simbolismo de outros animais recorrentes na iconografia mitraica, como o leão, a serpente, o escorpião e o corvo, e analisando as suas múltiplas camadas de significado e a sua contribuição para a linguagem visual do culto.

Capítulo 23: Simbolismo dos Objetos Rituais - Examina o simbolismo dos objetos rituais no Mitraísmo, explorando o significado da faca curva, da tocha, do cálice, das paterae e de outros instrumentos sagrados, e a sua função nas práticas rituais e na experiência religiosa dos iniciados.

Capítulo 24: O Cristianismo Ascendente no Império Romano - Contextualiza a ascensão do Cristianismo no Império Romano, analisando os fatores que contribuíram para o seu sucesso e a sua emergência como religião dominante, e o desafio que representou para o Mitraísmo e outras religiões pagãs.

Capítulo 25: Mitraísmo e Cristianismo - Explora o paralelo entre Mitraísmo e Cristianismo, identificando as semelhanças e diferenças entre os dois cultos em termos de origens, teologia, práticas rituais, estrutura social e mensagem fundamental, e compreendendo a dinâmica da competição religiosa entre eles.

Capítulo 26: Mitraísmo versus Cristianismo na Busca por Fiéis - Analisa a competição religiosa entre Mitraísmo e Cristianismo na busca por fiéis, explorando as formas de manifestação desta competição, as estratégias utilizadas por cada culto e os fatores que influenciaram esta dinâmica, como o contexto histórico, o apoio imperial e as noções de exclusividade e tolerância religiosa.

Capítulo 27: O Declínio Gradual do Mitraísmo - Examina o processo de declínio do Mitraísmo a partir do século IV d.C., analisando os fatores que contribuíram para o seu desaparecimento gradual, como a ascensão do Cristianismo, a legislação imperial anticristã, a perda de apoio militar e as transformações sociais e políticas do Império Romano tardio.

Capítulo 28: O Legado Duradouro do Mitraísmo - Conclui a obra refletindo sobre o legado duradouro do Mitraísmo, avaliando a sua importância histórica, o seu impacto cultural e as marcas que deixou na civilização ocidental, mesmo após o seu declínio, destacando a sua herança iconográfica, a sua contribuição para a história das religiões e a sua presença no imaginário popular.

Prólogo

No alvorecer do século IV, o Império Romano, outrora um bastião de poder e esplendor, encontrava-se em meio a uma profunda crise existencial. As antigas certezas que haviam sustentado a sociedade romana por séculos desmoronavam sob o peso de guerras civis, invasões bárbaras e uma crescente desilusão com os deuses tradicionais. Em meio a esse turbilhão de incertezas, uma nova força espiritual emergia, oferecendo consolo, esperança e a promessa de salvação: o Cristianismo.

Mas o Cristianismo não estava sozinho em sua ascensão. Um culto misterioso, conhecido como Mitraísmo, também florescia no Império Romano, competindo lado a lado com o Cristianismo pela alma do Império. O Mitraísmo, com suas raízes em antigas tradições persas e mistérios greco-romanos, oferecia uma rica tapeçaria de mitos, símbolos e rituais, prometendo aos seus iniciados uma jornada de transformação espiritual e a união com o divino.

No centro do culto mitraico, residia a figura enigmática de Mitra, um deus touroctone, nascido da rocha e destinado a realizar o sacrifício primordial que garantia a ordem cósmica e a renovação da vida. Os iniciados no Mitraísmo, reunidos em cavernas sagradas subterrâneas, celebravam os mistérios de Mitra através de ritos secretos, banquetes sagrados e uma progressão gradual por sete graus hierárquicos, buscando a iluminação espiritual e a salvação.

O Mitraísmo e o Cristianismo, embora partilhassem algumas semelhanças superficiais, como a promessa de salvação e a prática de refeições rituais, representavam caminhos religiosos fundamentalmente distintos. O Mitraísmo, com sua ênfase na força, na disciplina e na ascensão da alma através das esferas planetárias, oferecia um ideal de perfeição moral e espiritual baseado no autodomínio e na superação dos desafios. O Cristianismo, por outro lado, centrava-se na figura de Jesus Cristo, pregando o amor, o perdão e a graça divina como caminho para a salvação.

A competição entre Mitraísmo e Cristianismo moldou o panorama religioso do Império Romano durante os séculos II e III d.C. Ambos os cultos disputavam os mesmos fiéis, especialmente entre os militares, os comerciantes e as classes médias urbanas, oferecendo respostas alternativas às mesmas necessidades espirituais e existenciais.

O destino do Mitraísmo e do Cristianismo, no entanto, seria dramaticamente alterado pela decisão do imperador Constantino de se converter ao Cristianismo e de torná-lo a religião oficial do Império Romano no século IV d.C. A partir desse momento, o Cristianismo, apoiado pelo poder imperial, expandiu-se rapidamente, enquanto o Mitraísmo e outras religiões pagãs foram gradualmente marginalizadas e reprimidas.

O declínio do Mitraísmo foi gradual, mas inexorável. A legislação imperial anticristã, a intolerância religiosa crescente e a perda de apoio social e militar minaram as bases do culto, levando ao abandono dos seus santuários e ao desaparecimento dos seus ritos. No final da Antiguidade, o Mitraísmo havia-se desvanecido quase completamente do panorama religioso, deixando apenas vestígios arqueológicos e iconográficos como testemunho da sua existência.

Mas o legado do Mitraísmo não se extinguiu por completo. A sua rica iconografia, com a emblemática cena da Tauroctonia, os símbolos cósmicos e o bestiário simbólico, continua a fascinar e a intrigar estudiosos e artistas, inspirando interpretações e recriações contemporâneas. O Mitraísmo, mesmo no seu desaparecimento, deixou uma marca indelével na história da religião e da cultura ocidental, desafiando-nos a desvendar os seus mistérios e a compreender a sua influência subtil, mas persistente, no nosso imaginário.

E se a história tivesse tomado um rumo diferente? E se Constantino, em vez do Cristianismo, tivesse optado pelo Mitraísmo como religião oficial do Império Romano? Como seria o mundo hoje se o deus touroctone, e não o Cristo crucificado, tivesse se tornado o símbolo dominante da fé ocidental?

Esta obra, "O Deus Secreto que Desafiou Cristo", convida-o a uma viagem fascinante ao coração do Mitraísmo, explorando os seus mistérios, desvendando os seus símbolos e revelando a sua complexa relação com o Cristianismo. Ao mergulharmos nas profundezas deste culto enigmático, somos confrontados não apenas com uma história alternativa da religião, mas também com questões profundas sobre a natureza da fé, a busca pela transcendência e o papel do poder e da política na construção da história.

Acompanhe-nos nesta jornada de descoberta e deixe-se cativar pelos mistérios do deus secreto que desafiou Cristo e que, mesmo no seu silêncio, continua a nos interpelar através dos séculos.

Luiz Santos
Editor

Capítulo 1
Desvendando o Culto Misterioso

No alvorecer do século XXI, em um mundo cada vez mais globalizado e secularizado, observamos um fenômeno intrigante: a persistente e, em muitos casos, crescente busca por espiritualidade e religiosidade. Paradoxalmente, em meio a avanços científicos e tecnológicos sem precedentes, e a uma disseminação massiva de informação, muitos indivíduos se sentem atraídos por caminhos espirituais que transcendem as religiões tradicionais e dogmáticas. Há uma sede por experiências autênticas, por sistemas de crenças que ressoem com a individualidade e que ofereçam um sentido de pertencimento em um mundo percebido como cada vez mais fragmentado e incerto. Neste contexto, o interesse por religiões antigas, cultos misteriosos e tradições espirituais alternativas floresce, impulsionado pela promessa de sabedoria ancestral e práticas transformadoras que podem preencher o vazio existencial da modernidade.

É dentro desta vibrante tapeçaria da busca espiritual contemporânea que surge o fascínio pelo Mitraísmo, um culto que floresceu no Império Romano, competindo lado a lado com o Cristianismo nascente, mas que, em grande medida, permaneceu à sombra da história, envolto em mistério e segredo. Para o leitor moderno, saturado de narrativas religiosas convencionais, o Mitraísmo se apresenta como uma alternativa intrigante, um portal para um mundo de rituais secretos, simbolismo profundo e uma cosmovisão singular que cativou mentes e corações por séculos. Este livro tem como objetivo desvendar este culto misterioso, explorando suas origens, crenças, rituais e o complexo cenário histórico em que ele surgiu e prosperou.

Para compreendermos o Mitraísmo, é crucial situá-lo no contexto do vasto e multifacetado Império Romano. Este império, que em seu apogeu se estendia por três continentes, era um caldeirão de culturas, etnias e, crucialmente, religiões. A expansão romana, impulsionada pela máquina militar mais eficiente da época, não apenas conquistava territórios, mas também absorvia e integrava as crenças e práticas dos povos subjugados. O resultado foi um sincretismo religioso sem precedentes, onde deuses romanos tradicionais coexistiam com divindades gregas, egípcias, orientais e celtas, em um mosaico complexo e em constante transformação.

Neste ambiente de efervescência religiosa, a busca por experiências espirituais mais pessoais e iniciáticas ganhou força. As religiões cívicas tradicionais, focadas no culto público e na manutenção da ordem social, começavam a perder apelo para aqueles que buscavam uma conexão mais íntima com o divino, uma resposta para as questões existenciais profundas e um sentido de propósito individual. Foi neste contexto que as chamadas "Religiões de Mistério" prosperaram, oferecendo rituais secretos, promessas de salvação e um caminho de iniciação que culminava em uma experiência transformadora, muitas vezes prometendo a imortalidade ou uma vida após a morte mais auspiciosa.

O Mitraísmo se encaixa perfeitamente nesta categoria. Emergindo em algum momento durante o século I d.C., possivelmente com raízes em tradições persas mais antigas, ele rapidamente se espalhou por todo o Império Romano, desde as fronteiras mais distantes até o coração da capital. Sua popularidade foi particularmente notável entre os militares romanos, o que lhe rendeu o apelido de "Religião dos Soldados", mas seu apelo se estendeu a diversos estratos sociais, incluindo comerciantes, funcionários públicos e até mesmo escravos.

O que tornava o Mitraísmo tão atraente? Parte da resposta reside no seu caráter misterioso e iniciático. Ao contrário das religiões públicas, o Mitraísmo era um culto de mistério, o que significa que seus rituais e ensinamentos eram mantidos em segredo, revelados apenas aos iniciados. A admissão ao culto não era automática, mas sim um processo gradual de iniciação, que envolvia ritos de passagem, juramentos de segredo e a progressão através de sete graus hierárquicos. Esta estrutura iniciática conferia um senso de exclusividade e pertencimento aos membros, criando uma forte identidade grupal e alimentando a curiosidade daqueles de fora.

Os locais de culto mitraicos, conhecidos como *mithraea* (singular *mithraeum*), eram invariavelmente construídos como cavernas artificiais ou adaptados de espaços subterrâneos existentes. Esta escolha arquitetônica não era arbitrária, mas profundamente simbólica, remetendo à lenda do nascimento de Mitra a partir de uma rocha e evocando a atmosfera de mistério e segredo que permeava o culto. Dentro dos *mithraea*, os iniciados se reuniam para participar de rituais elaborados, incluindo refeições rituais, banquetes sagrados e cerimônias iniciáticas que buscavam recriar os mitos e feitos de Mitra.

No centro da crença mitraica estava o mito da *Tauroctonia*, a representação icônica de Mitra matando um touro sagrado. Esta imagem, omnipresente na arte mitraica, não era apenas uma cena narrativa, mas sim um símbolo complexo e multifacetado que encapsulava a cosmologia, a teologia e a soteriologia do culto. A morte do touro, longe de ser um ato de violência gratuita, era interpretada como um ato de criação cósmica, um sacrifício primordial que dava origem ao universo e permitia a renovação da vida. Em torno deste mito central, uma rica tapeçaria de outras histórias e divindades auxiliares se desenvolvia, formando um sistema religioso complexo e coerente.

Além do simbolismo profundo e dos rituais misteriosos, o Mitraísmo oferecia aos seus adeptos uma estrutura ética e moral clara, baseada em virtudes como a lealdade, a disciplina, a camaradagem e o auto-controle. Estas virtudes, particularmente valorizadas no contexto militar, ressoavam com os ideais romanos de masculinidade e dever cívico, mas também ofereciam um caminho de aperfeiçoamento pessoal e de busca pela "luz" espiritual. O Mitraísmo não era apenas um conjunto de rituais e crenças, mas também um modo de vida, uma filosofia prática que moldava a conduta e a visão de mundo dos seus iniciados.

Um aspecto crucial do Mitraísmo é a sua relação com o Cristianismo, a religião que eventualmente se tornaria dominante no Império Romano e, subsequentemente, no mundo ocidental. O Mitraísmo e o Cristianismo surgiram e se expandiram no mesmo período histórico, competindo pelo mesmo "mercado" religioso, por assim dizer. Ambos os cultos ofereciam mensagens de salvação, rituais iniciáticos, um senso de comunidade e uma estrutura moral. Embora existam semelhanças superficiais entre os dois, como a prática de refeições rituais e a crença em uma divindade salvadora, as diferenças teológicas e práticas eram profundas, refletindo visões de mundo fundamentalmente distintas. A competição entre Mitraísmo e Cristianismo, e os fatores que levaram ao eventual triunfo do último, são temas cruciais para entendermos a dinâmica religiosa do Império Romano tardio e o legado do Mitraísmo.

Ao longo deste livro, mergulharemos profundamente no mundo do Mitraísmo, explorando cada faceta deste culto fascinante e misterioso. Desde suas origens obscuras e sua expansão por todo o Império Romano, até seus rituais secretos realizados em cavernas escuras, o simbolismo enigmático do touro e sua complexa relação com o Cristianismo, desvendaremos os mistérios do Mitraísmo, buscando compreender o que o tornava tão atraente para os seus adeptos e qual o seu legado para a história da religião e da espiritualidade. Para o leitor moderno, em busca de alternativas espirituais e de um contato com a sabedoria ancestral, o Mitraísmo oferece uma janela para um mundo perdido de mistério e significado, um convite para explorar um caminho espiritual alternativo que, embora há muito esquecido, ainda ressoa com a busca humana por transcendência e sentido na vida.

Capítulo 2
O Cenário do Império Romano

Para realmente compreendermos a ascensão e popularidade do Mitraísmo, não basta apenas analisarmos as características intrínsecas do culto em si. É fundamental mergulharmos no complexo e multifacetado cenário do Império Romano, o terreno histórico e cultural onde esta religião floresceu. O Império Romano, em seu apogeu, não era apenas uma entidade política e militar formidável, mas também um vibrante centro de intercâmbio cultural, social e, crucialmente, religioso. Este caldeirão de influências, marcado pela diversidade, sincretismo, crises de valores e uma expansão sem precedentes, criou um ambiente excepcionalmente fértil para o surgimento e a proliferação de novas religiões, entre as quais o Mitraísmo se destacou.

O Império Romano, desde seus primórdios, demonstrava uma notável capacidade de absorver e integrar culturas e religiões estrangeiras. À medida que Roma se expandia, conquistando territórios e subjugando povos diversos, não impunha de forma rígida sua própria religião, mas sim, inteligentemente, incorporava as divindades e práticas religiosas dos povos conquistados ao seu próprio panteão. Este fenômeno, conhecido como sincretismo religioso, era uma característica marcante da religiosidade romana. Deuses locais eram frequentemente identificados com divindades romanas, reinterpretados e integrados ao culto oficial do estado romano. Este processo não apenas facilitava a assimilação dos povos conquistados, mas também enriquecia o próprio panteão romano, tornando-o cada vez mais eclético e abrangente.

No entanto, o sincretismo religioso no Império Romano não se limitava à incorporação de deuses estrangeiros ao panteão romano tradicional. Ia muito além, criando um ambiente onde diferentes tradições religiosas coexistiam e se influenciavam mutuamente. Templos dedicados a divindades egípcias, gregas, orientais e celtas podiam ser encontrados em diversas partes do império, muitas vezes lado a lado com templos dedicados aos deuses romanos tradicionais. Esta diversidade religiosa não era vista como um problema, mas sim como uma característica inerente à natureza cosmopolita do império. As autoridades romanas geralmente adotavam uma postura tolerante em relação a diferentes cultos, desde que estes não ameaçassem a ordem pública e a lealdade ao imperador.

Esta tolerância e abertura à diversidade religiosa criaram um ambiente onde novas religiões podiam surgir e se propagar com relativa facilidade. O Império Romano era percorrido por rotas comerciais movimentadas, por legiões militares em constante deslocamento e por um fluxo contínuo de pessoas de diferentes origens e culturas. Este intenso intercâmbio cultural e humano facilitava a disseminação de ideias religiosas, práticas rituais e novas formas de espiritualidade. Religiões que surgiam em um canto do império podiam rapidamente se espalhar para outras regiões, encontrando solo fértil em um ambiente já acostumado à diversidade religiosa.

Contudo, o cenário religioso do Império Romano não era apenas marcado pela diversidade e sincretismo, mas também por uma gradual crise dos valores religiosos tradicionais. A religião romana arcaica, com seus rituais cívicos e foco na manutenção da *pax deorum* (a paz com os deuses), começava a perder parte do seu apelo, especialmente para aqueles que buscavam uma experiência religiosa mais pessoal e emocional. As conquistas militares e a expansão territorial, que inicialmente haviam sido vistas como um sinal do favor divino, também trouxeram consigo novas problemáticas sociais e existenciais.

A urbanização crescente, o aumento da complexidade social e as desigualdades econômicas geravam um sentimento de alienação e insegurança em muitos. As religiões cívicas tradicionais, com seu foco no coletivo e no bem-estar do estado, pareciam oferecer poucas respostas para as angústias e anseios individuais. A busca por um sentido de propósito pessoal, por uma conexão mais íntima com o divino e por promessas de salvação individual se intensificava. Este vácuo espiritual abriu espaço para o florescimento de novas formas de religiosidade que ofereciam justamente o que as religiões tradicionais pareciam não mais suprir: uma experiência religiosa mais pessoal, emocional e iniciática.

Neste contexto, as chamadas "Religiões de Mistério" ganharam destaque. Estes cultos, originários muitas vezes do Oriente, como os mistérios de Elêusis na Grécia ou os cultos egípcios de Ísis e Osíris, ofereciam rituais secretos, promessas de iniciação e um caminho para a salvação individual. Ao contrário das religiões públicas, que se concentravam em ritos coletivos e na manutenção da ordem cósmica, as religiões de mistério enfatizavam a experiência individual, a transformação pessoal e a busca por uma união mística com a divindade. O caráter secreto e iniciático destes cultos, longe de afastar as pessoas, as atraía, conferindo um senso de exclusividade e de acesso a um conhecimento esotérico reservado apenas aos iniciados.

O Mitraísmo, como já mencionado, se encaixa perfeitamente nesta categoria de religiões de mistério. Compartilhava com outros cultos mistéricos a ênfase em rituais secretos, a estrutura iniciática com graus hierárquicos e a promessa de salvação. No entanto, o Mitraísmo também possuía características distintivas que o tornavam particularmente atraente no contexto do Império Romano. Seu foco na figura de Mitra, um deus guerreiro e salvador, ressoava com os valores militares e a cultura marcial da sociedade romana, especialmente entre os soldados do exército romano. A atmosfera masculina e fraternal dos mitraeus, os locais de culto mitraicos, criava um forte senso de camaradagem e pertencimento, aspectos particularmente importantes para os homens que passavam longos períodos longe de casa, servindo nas fronteiras do império.

Além disso, o simbolismo rico e complexo do Mitraísmo, com sua cosmologia elaborada, o mito da Tauroctonia e a iconografia enigmática, oferecia um sistema de crenças sofisticado e intelectualmente estimulante, que podia atrair aqueles que buscavam uma compreensão mais profunda do universo e do seu lugar nele. A promessa de salvação e de uma vida após a morte mais auspiciosa, implícita nos rituais e mitos mitraicos, também era um fator de grande apelo em um mundo marcado pela incerteza e pela mortalidade.

Em resumo, o Império Romano do século I d.C. e subsequentes oferecia um cenário excepcionalmente propício para o surgimento e expansão de novas religiões, como o Mitraísmo. A diversidade religiosa, o sincretismo, a crise dos valores tradicionais e a busca por experiências espirituais mais pessoais e significativas criaram um terreno fértil para cultos mistéricos que ofereciam rituais secretos, promessas de salvação e um senso de comunidade. O Mitraísmo, com suas características distintivas e seu apelo multifacetado, soube aproveitar este ambiente, tornando-se uma das religiões mais populares e influentes do Império Romano, competindo diretamente com o Cristianismo nascente e deixando um legado duradouro na história da religião.

Capítulo 3
As Origens de Mitra

Um dos aspectos mais fascinantes e, ao mesmo tempo, mais enigmáticos do Mitraísmo reside em suas origens. Ao contrário de religiões como o Cristianismo, que possuem um fundador histórico relativamente bem documentado e um conjunto de escrituras canônicas, as origens do Mitraísmo são envoltas em mistério, debate acadêmico e uma notável escassez de fontes textuais diretas. Embora a arqueologia tenha nos revelado muito sobre a prática e a iconografia do culto, as origens precisas de Mitra e do seu culto permanecem um quebra-cabeça complexo, desafiando os historiadores e estudiosos da religião há séculos.

A questão central que permeia o debate sobre as origens de Mitra é: de onde veio este deus e este culto que se espalhou tão rapidamente pelo Império Romano? A resposta não é simples e está longe de ser consensual. As evidências apontam para uma complexa interação de influências, que remontam a tradições religiosas persas antigas, possivelmente com ecos ainda mais remotos em divindades indo-iranianas. No entanto, a forma como essas influências foram transmitidas, adaptadas e transformadas no contexto romano para dar origem ao

Mitraísmo que conhecemos é um processo ainda em grande parte obscuro e objeto de diversas interpretações.

Uma das pistas mais importantes para a compreensão das origens de Mitra reside no próprio nome da divindade. "Mitra" não é um nome romano, mas sim um nome de origem persa e indo-ariana. Na antiga Pérsia, existia uma divindade chamada Mithra, venerada no Zoroastrismo, a religião predominante do Império Persa. Da mesma forma, nas tradições védicas da Índia, encontramos uma divindade com o nome de Mitra, associada ao sol, aos pactos e à amizade. Esta conexão onomástica sugere fortemente que o Mitraísmo romano deve ter alguma ligação, direta ou indireta, com estas tradições religiosas orientais.

No entanto, a natureza precisa dessa ligação é o cerne do debate. Uma das teorias mais tradicionais, outrora amplamente aceita, propunha que o Mitraísmo romano seria uma derivação direta do Zoroastrismo persa, levada para o Ocidente por sacerdotes magos ou através de contatos culturais entre o Império Romano e o Império Persa. Segundo esta visão, o Mitraísmo romano seria essencialmente uma forma "romanizada" do Zoroastrismo, adaptada ao contexto cultural e religioso do Império Romano.

Essa teoria, contudo, tem sido cada vez mais questionada e criticada por estudiosos modernos. Embora seja inegável a conexão etimológica do nome Mitra e a existência de divindades com nomes semelhantes em tradições persas e védicas, as evidências de uma transmissão direta do Zoroastrismo para o Mitraísmo romano são escassas e problemáticas. As práticas rituais, a iconografia e a teologia do Mitraísmo romano, tal como as conhecemos através da arqueologia e das escassas fontes textuais, apresentam diferenças significativas em relação ao Zoroastrismo. A Tauroctonia, o mito central do Mitraísmo, por exemplo, não encontra paralelo direto no Zoroastrismo, e as divindades auxiliares do panteão mitraico são em grande parte diferentes das divindades zoroastristas.

Uma perspectiva mais matizada e atualmente mais aceita pelos estudiosos sugere que o Mitraísmo romano não seria uma derivação direta do Zoroastrismo, mas sim uma nova criação religiosa que surgiu no contexto do Império Romano, mas que se inspirou em diversas tradições religiosas, incluindo, mas não se limitando, as tradições persas e indo-iranianas. Nesta visão, o nome "Mitra" e algumas ideias gerais sobre uma divindade associada ao sol e aos pactos poderiam ter sido "emprestados" de tradições orientais, mas foram reinterpretados e transformados radicalmente no contexto romano, dando origem a um culto novo e distinto.

Este processo de reinterpretação e adaptação seria facilitado pelo ambiente de sincretismo religioso do Império Romano, já discutido em páginas anteriores. No caldeirão cultural romano, ideias e motivos religiosos viajavam livremente, sendo constantemente reinterpretados e recombinados. O nome de uma divindade oriental poderia ser adotado, mas preenchido com novos significados, rituais e mitos, adaptados às sensibilidades e necessidades espirituais do público romano.

Neste contexto, alguns estudiosos sugerem que o Mitraísmo romano poderia ter surgido em regiões de fronteira do Império Romano, onde o contato com culturas orientais era mais intenso, como na Ásia Menor ou na Síria. Estas regiões eram verdadeiros centros de intercâmbio cultural, onde tradições religiosas orientais e ocidentais se encontravam e se misturavam. Soldados romanos, mercadores e outros viajantes que circulavam por estas regiões poderiam ter entrado em contato com ideias e práticas religiosas orientais, incluindo o nome e algumas vagas noções sobre um deus chamado Mitra. Ao regressarem a outras partes do império, estes indivíduos poderiam ter começado a desenvolver e propagar um novo culto, baseado nestas impressões orientais, mas moldado e adaptado ao contexto romano.

É importante notar que o próprio Mitraísmo romano parece ter se apresentado desde o início como uma religião "oriental", exótica e misteriosa. Os mitraeus, os locais de culto, eram frequentemente decorados com iconografia que evocava o Oriente, como vestimentas persas e representações de paisagens exóticas. Esta aura de mistério e exotismo poderia ter sido parte do apelo do culto, atraindo aqueles que buscavam uma alternativa às religiões romanas tradicionais, percebidas por alguns como excessivamente formais e desprovidas de mistério.

Em suma, as origens de Mitra e do Mitraísmo romano permanecem envoltas em mistério e debate. Embora a conexão etimológica com divindades persas e védicas seja inegável, a natureza precisa dessa conexão e o processo de formação do Mitraísmo romano são ainda objeto de especulação e pesquisa. A visão mais aceita atualmente é que o Mitraísmo romano não seria uma simples derivação do Zoroastrismo, mas sim uma nova criação religiosa que surgiu no contexto do Império Romano, inspirada em diversas tradições, incluindo as persas, mas radicalmente transformada e adaptada ao ambiente cultural e religioso romano.

Este caráter misterioso e debatedor das origens do Mitraísmo não diminui o seu fascínio, mas, pelo contrário, o aumenta. O mistério que envolve as origens de Mitra contribui para a aura enigmática do culto, convidando-nos a mergulhar mais fundo na sua história, iconografia e simbolismo, buscando desvendar os segredos de uma religião que, embora há muito desaparecida, continua a intrigar e a despertar a curiosidade do leitor moderno.

Capítulo 4
Das Fronteiras ao Coração do Império

Após investigarmos as origens misteriosas e debatidas do Mitraísmo, o próximo passo lógico em nossa jornada é traçar a sua impressionante expansão geográfica por todo o vasto Império Romano. O Mitraísmo, que emergiu em algum ponto do século I d.C., não permaneceu confinado a uma região específica ou a um pequeno grupo de adeptos. Pelo contrário, ele se propagou com notável rapidez e eficiência, deixando vestígios arqueológicos desde as fronteiras mais remotas do império, como a Britânia e a Dácia, até o coração pulsante da capital, Roma, e suas províncias mais centrais. Compreender como e por que o Mitraísmo conseguiu se expandir de forma tão abrangente é crucial para apreciarmos a sua importância e influência no mundo romano.

A expansão do Mitraísmo não ocorreu no vácuo, mas sim em estreita ligação com as dinâmicas sociais, políticas, militares e comerciais do Império Romano. A máquina militar romana, a espinha dorsal do império e o principal motor da sua expansão territorial, desempenhou um papel fundamental na disseminação do culto mitraico. Como já mencionado, o Mitraísmo se tornou particularmente popular entre os soldados romanos, especialmente nas legiões estacionadas nas fronteiras do império. As legiões romanas não eram apenas forças militares, mas também importantes centros de intercâmbio cultural e disseminação de ideias. À medida que as legiões se deslocavam, construíam acampamentos e se estabeleciam em novas regiões, levavam consigo não apenas a cultura romana, mas também as suas crenças religiosas, incluindo o Mitraísmo.

Os soldados romanos, ao serem transferidos de uma região para outra ou ao se aposentarem e se estabelecerem em diferentes partes do império, disseminavam o culto mitraico por onde passavam. Acampamentos militares romanos, *castra*, frequentemente se tornavam centros de culto mitraico, com a construção de *mithraea* dentro ou nas proximidades das bases militares. Estes *mithraea* serviam como locais de culto para os soldados, mas também podiam atrair membros da população civil local, especialmente aqueles que mantinham contato com os militares, como comerciantes, artesãos e familiares. Dessa forma, as bases militares romanas atuaram como verdadeiros polos de irradiação do Mitraísmo, impulsionando sua expansão para regiões remotas e fronteiriças do império.

Além da expansão militar, as rotas comerciais romanas também desempenharam um papel crucial na disseminação do Mitraísmo. O Império Romano era cortado por uma extensa rede de estradas, rotas marítimas e fluviais que facilitavam o comércio e o movimento de pessoas e mercadorias. Comerciantes, navegadores e outros viajantes que percorriam estas rotas disseminavam não apenas produtos, mas também ideias e crenças religiosas. O Mitraísmo, com seu apelo a diversos estratos sociais, incluindo comerciantes e artesãos, encontrou nas rotas comerciais um meio eficaz de se propagar.

Portos comerciais, cidades mercantis e centros urbanos ao longo das rotas comerciais romanas se tornaram importantes centros de difusão do Mitraísmo. Em cidades portuárias movimentadas, como Óstia (porto de Roma), Cartago, Alexandria e Antioquia, *mithraea* foram descobertos, indicando a presença e a popularidade do culto entre as comunidades mercantis e urbanas. Estes centros urbanos atuavam como nós de conexão nas redes comerciais, irradiando o Mitraísmo para regiões vizinhas e para o interior do império.

A disseminação cultural romana, que acompanhava a expansão militar e comercial, também contribuiu para o sucesso do Mitraísmo. A língua latina, a cultura romana e a infraestrutura do império facilitavam a comunicação e o intercâmbio de ideias religiosas. O Mitraísmo, embora com origens possivelmente orientais, se adaptou e se integrou à cultura romana, utilizando a língua latina em seus rituais e iconografia, e adotando certos aspectos da cultura romana. Esta "romanização" do Mitraísmo pode ter facilitado a sua aceitação e propagação entre a população romana e nas províncias ocidentais do império.

A evidência arqueológica é fundamental para confirmarmos a ampla expansão do Mitraísmo por todo o Império Romano. A descoberta de centenas de *mithraea* em diversas regiões do império, desde a Britânia e a Germânia no norte, até a Numídia e o Egito no sul, e da Península Ibérica no oeste, até a Síria e a Mesopotâmia no leste, atesta a abrangência geográfica do culto. Estes *mithraea*, com suas características arquitetônicas e decorativas distintivas, fornecem um mapa da expansão do Mitraísmo, revelando os caminhos que o culto percorreu e os centros onde se estabeleceu com maior força.

A concentração de *mithraea* em regiões fronteiriças e militares, como ao longo do Danúbio, do Reno e do *Limes* romano (fronteira fortificada), reforça a ligação do Mitraísmo com o exército romano. Cidades como Carnuntum (na atual Áustria), Dura-Europos (na Síria) e Vindobona (Viena) revelaram complexos de *mithraea* significativos, associados a bases militares romanas. Da mesma forma, a presença de *mithraea* em importantes centros urbanos e portuários, como Roma, Óstia, Tréveris (Trier) e Londres, demonstra a popularidade do culto em contextos urbanos e comerciais.

A distribuição dos *mithraea* não é uniforme, no entanto. Concentrações significativas são encontradas nas províncias ocidentais do império, como a Itália, a Gália, a Germânia e a Britânia, enquanto a presença do culto parece ter sido menos intensa nas províncias orientais, como a Grécia, o Egito e a Ásia Menor, paradoxalmente as regiões mais próximas das possíveis origens orientais do Mitraísmo. Esta distribuição geográfica sugere que o Mitraísmo, embora com raízes possivelmente orientais, se tornou mais popular e difundido no Ocidente romano, adaptando-se melhor ao contexto cultural e religioso das províncias ocidentais.

A análise da iconografia e dos artefatos encontrados nos *mithraea* também contribui para a compreensão da expansão do Mitraísmo. A padronização da iconografia mitraica, especialmente a imagem da Tauroctonia, em *mithraea* por todo o império, sugere uma relativa coesão e unidade do culto, apesar da sua ampla dispersão geográfica. Objetos rituais, como cálices, tochas, facas e representações de divindades mitraicas, encontrados em *mithraea* de diferentes regiões, demonstram a similaridade das práticas rituais e das crenças fundamentais do Mitraísmo em todo o império.

Em resumo, a expansão do Mitraísmo pelo Império Romano foi um fenômeno notável, impulsionado pela complexa interação de fatores militares, comerciais e culturais. As legiões romanas, as rotas comerciais e a disseminação da cultura romana atuaram como vetores de propagação do culto, levando-o das fronteiras mais remotas ao coração do império. A evidência arqueológica, representada pela vasta distribuição de *mithraea* por todo o mundo romano, confirma a abrangência geográfica do Mitraísmo e a sua importância como uma das religiões mais populares e influentes do Império Romano.

Capítulo 5
Mitra e o Exército Romano

Um dos aspectos mais distintivos e frequentemente citados do Mitraísmo é a sua profunda e duradoura ligação com o exército romano. Desde as fronteiras mais remotas do império até o coração de Roma, os vestígios arqueológicos do Mitraísmo revelam uma presença esmagadora em contextos militares. *Mithraea*, os locais de culto mitraico, foram descobertos em grande número dentro de bases militares romanas (*castra*), em fortalezas de fronteira, em acampamentos legionários e em portos navais, indicando que o culto de Mitra se tornou, em muitos aspectos, uma religião "do exército" dentro do Império Romano. Esta forte conexão entre Mitraísmo e o exército não é meramente uma coincidência demográfica, mas sim um reflexo das características intrínsecas do culto que ressoavam particularmente bem com os valores, as necessidades e a experiência de vida dos soldados romanos.

Para compreendermos o apelo do Mitraísmo para os militares romanos, é essencial considerarmos o contexto da vida militar romana e os valores que eram cultivados no seio das legiões. A vida de um soldado romano era rigorosa, exigente e frequentemente perigosa. Os soldados passavam longos períodos longe de casa, em serviço nas fronteiras do império, enfrentando condições climáticas adversas, perigos constantes e a ameaça sempre presente de conflitos armados. A disciplina, a lealdade, a coragem, a resistência física e mental e a camaradagem eram virtudes essenciais para a sobrevivência e o sucesso militar. O Mitraísmo, com sua estrutura, simbolismo e sistema de valores, oferecia um sistema de crenças que se harmonizava notavelmente bem com este ethos militar.

Um dos principais pontos de atração do Mitraísmo para os soldados era a sua ênfase na camaradagem e na fraternidade. Os *mithraea* eram espaços rituais fechados e comunitários, onde os iniciados se reuniam para participar de rituais secretos, refeições rituais e banquetes sagrados. Estas práticas rituais promoviam um forte senso de união e solidariedade entre os membros da comunidade mitraica, ecoando a camaradagem que era vital para a coesão e eficácia das unidades militares romanas. Para soldados que viviam longe de suas famílias e comunidades civis, o *mithraeum* oferecia um espaço de pertencimento, um "lar longe de casa", onde podiam encontrar apoio mútuo, companheirismo e um senso de identidade coletiva.

A estrutura iniciática do Mitraísmo, com seus sete graus hierárquicos, também podia ressoar com a mentalidade militar, habituada a hierarquias, promoções e um sistema de progressão. A jornada através dos graus mitraicos, do *Corax* ao *Pater*, podia ser vista como uma metáfora da progressão na carreira militar, com cada grau representando um novo nível de conhecimento, responsabilidade e status dentro da comunidade mitraica. A disciplina e a obediência, valores militares fundamentais, também eram enfatizadas no contexto mitraico, com os iniciados sendo submetidos a juramentos de segredo e a um código de conduta rigoroso.

As virtudes mitraicas, como a coragem, a lealdade, a disciplina e o auto-controle, eram também virtudes militares por excelência. O mito de Mitra como um deus guerreiro, que lutava contra as forças das trevas e que triunfava sobre o caos, podia inspirar os soldados romanos, oferecendo um modelo divino de heroísmo e resistência. A iconografia mitraica, frequentemente decorando os *mithraea* militares, reforçava estas mensagens, apresentando Mitra como um guerreiro vitorioso, um protetor e um guia espiritual para os seus seguidores.

A promessa de uma vida após a morte mais auspiciosa, implícita nos ritos e mitos mitraicos, também podia ser particularmente atraente para os soldados, que enfrentavam a morte de forma mais iminente e frequente do que a população civil. A crença na imortalidade da alma ou em uma jornada pós-morte guiada por Mitra podia oferecer conforto e esperança perante a mortalidade inerente à vida militar. Para um soldado romano, a ideia de que a iniciação mitraica poderia garantir uma passagem segura para o outro mundo ou uma união com o próprio Mitra poderia ser um incentivo poderoso para aderir ao culto.

A evidência arqueológica da ligação entre Mitraísmo e o exército romano é esmagadora. *Mithraea* foram descobertos em inúmeros *castra* romanos ao longo de fronteiras como o Danúbio, o Reno, o Eufrates e o Vallo de Adriano na Britânia. Em alguns casos, *mithraea* foram construídos dentro das muralhas das bases militares, demonstrando a integração do culto na vida cotidiana dos soldados. Em outros casos, *mithraea* foram encontrados nas proximidades de acampamentos militares, servindo como locais de culto para os soldados e para outros indivíduos associados às bases militares.

O *mithraeum* de Dura-Europos, uma cidade romana de fronteira no Eufrates, é um exemplo notável da ligação entre Mitraísmo e o exército. Este *mithraeum*, localizado dentro das muralhas da cidade e possivelmente frequentado por soldados romanos estacionados ali, é um dos mais bem preservados e ricamente decorados que conhecemos. As pinturas murais do *mithraeum* de Dura-Europos oferecem um vislumbre fascinante da iconografia mitraica e das práticas rituais do culto em um contexto militar.

Em Roma, a presença de *mithraea* no Monte Célio, uma região tradicionalmente associada a quartéis militares, e a descoberta de *mithraea* sob edifícios imperiais, como os Banhos de Caracala, sugerem que o culto também encontrou adeptos entre os membros da guarda pretoriana e outras unidades militares estacionadas na capital. A própria cidade de Óstia, porto de Roma e base da *Classis Misenensis* (frota romana de Miseno), revelou uma concentração notável de *mithraea*, refletindo a popularidade do Mitraísmo entre os marinheiros e pessoal naval romano.

A iconografia mitraica também reflete a sua ligação com o mundo militar. Representações de Marte, o deus romano da guerra, e da *Victoria*, a personificação da vitória, são encontradas em alguns *mithraea*, indicando uma associação entre o Mitraísmo e os ideais militares romanos. Alguns iniciados mitraicos são representados vestindo uniformes militares ou portando armas, sugerindo que a identidade militar era uma parte importante da identidade mitraica para alguns adeptos. A própria figura de Mitra, frequentemente representado como um jovem vigoroso e guerreiro, pode ter sido vista como um modelo pelos soldados romanos.

É importante notar, contudo, que o Mitraísmo não era exclusivamente um culto militar. Embora a sua ligação com o exército romano seja inegável e fortemente documentada, evidências arqueológicas e epigráficas demonstram que o culto também atraiu membros de outros estratos sociais, como comerciantes, funcionários públicos, libertos e até mesmo escravos. No entanto, a predominância de *mithraea* em contextos militares e a natureza dos valores e do simbolismo mitraico confirmam que o exército romano foi um dos principais vetores de propagação e um dos grupos sociais mais receptivos ao Mitraísmo.

Em conclusão, a forte ligação entre o Mitraísmo e o exército romano é uma das características mais marcantes e definidoras deste culto misterioso. O Mitraísmo oferecia aos soldados romanos um sistema de crenças que ressoava com os seus valores, necessidades e experiências de vida, proporcionando camaradagem, disciplina, um código moral claro, um modelo de heroísmo divino e a promessa de uma vida após a morte mais auspiciosa. As legiões romanas, ao se deslocarem por todo o império, atuaram como importantes disseminadoras do Mitraísmo, levando o culto das fronteiras mais remotas até o coração do mundo romano, tornando-o verdadeiramente "o culto dos soldados".

Capítulo 6
A Diversidade Social do Mitraísmo

Embora a ligação entre o Mitraísmo e o exército romano seja inegável e constitua uma das características mais proeminentes do culto, reduzir o Mitraísmo a uma mera "religião de soldados" seria uma simplificação excessiva e imprecisa. A evidência arqueológica e epigráfica, embora confirme a forte presença militar no Mitraísmo, também revela que o culto atraiu adeptos de uma variedade surpreendente de estratos sociais dentro do Império Romano. Comerciantes, funcionários públicos, libertos, escravos e até mesmo membros da aristocracia romana, em menor número, deixaram vestígios de sua adesão ao Mitraísmo, demonstrando que o apelo do culto transcendia as fronteiras dos acampamentos militares e se estendia a diferentes segmentos da sociedade romana.

Para entendermos a diversidade social do Mitraísmo, é crucial reconhecermos que o Império Romano era uma sociedade complexa e estratificada, com uma ampla gama de profissões, classes sociais e status jurídicos. A sociedade romana não era monolítica, mas sim um mosaico de grupos sociais com diferentes interesses, necessidades e aspirações. O Mitraísmo, com a sua flexibilidade e adaptabilidade, conseguiu oferecer algo de valor para diferentes segmentos desta sociedade diversificada, encontrando ressonância em diferentes grupos sociais para além dos militares.

Um grupo social notável, para além dos soldados, que aderiu ao Mitraísmo em números significativos foi o dos comerciantes. As rotas comerciais romanas, como vimos em páginas anteriores, desempenharam um papel fundamental na expansão do Mitraísmo, e os centros urbanos e portuários ao longo dessas rotas se tornaram importantes núcleos de culto mitraico. Comerciantes, navegadores e outros profissionais ligados ao comércio formavam um grupo social móvel e cosmopolita, que viajava extensamente pelo império e entrava em contato com diferentes culturas e religiões. O Mitraísmo, com sua aura de mistério oriental e sua mensagem de proteção e boa fortuna, pode ter atraído os comerciantes que buscavam segurança e prosperidade em suas viagens e negócios.

A descoberta de *mithraea* em centros comerciais importantes, como Óstia, o porto de Roma, e em cidades mercantis ao longo do Reno e do Danúbio, reforça a ligação do Mitraísmo com as comunidades mercantis. Inscrições dedicatórias em *mithraea* mencionam frequentemente dedicantes que se identificam como *negotiatores* (comerciantes) ou *mercatores* (mercadores), confirmando a presença e a importância deste grupo social no culto mitraico. Para os comerciantes, que muitas vezes viviam em comunidades cosmopolitas e misturadas, o Mitraísmo pode ter oferecido um senso de comunidade e identidade para além das fronteiras étnicas e regionais, unindo-os em torno de um culto comum e de valores partilhados.

Outro grupo social que encontrou apelo no Mitraísmo foi o dos funcionários públicos e administradores imperiais. O Império Romano dependia de uma vasta burocracia para governar seus vastos territórios e gerir seus complexos sistemas administrativos. Funcionários públicos, desde os escalões mais baixos até os altos cargos da administração imperial, desempenhavam um papel crucial na manutenção da ordem e no funcionamento do império. Estes indivíduos, muitas vezes instruídos e com um certo nível de mobilidade social, podiam ser atraídos pelo Mitraísmo por razões diversas.

O Mitraísmo, com sua estrutura hierárquica e seus rituais elaborados, podia apelar ao senso de ordem e organização que era valorizado na administração romana. As virtudes mitraicas, como a disciplina, a lealdade e o dever, também ressoavam com os ideais de serviço público e responsabilidade administrativa. Além disso, o Mitraísmo, como religião de mistério, podia oferecer um espaço de iniciação e conhecimento esotérico para indivíduos intelectualmente curiosos e que buscavam algo além da religião cívica tradicional.

Inscrições em *mithraea* mencionam dedicantes identificados como *officiales* (funcionários) e outros cargos administrativos, indicando a presença de funcionários públicos no culto mitraico. Para estes indivíduos, o Mitraísmo podia representar uma forma de religiosidade mais pessoal e engajadora do que os ritos cívicos formais, oferecendo uma experiência espiritual mais profunda e um senso de pertencimento a uma comunidade seleta.

Surpreendentemente, o Mitraísmo também atraiu membros dos estratos sociais mais baixos da sociedade romana, incluindo libertos e escravos. Embora a escravidão fosse uma instituição fundamental na sociedade romana, os escravos não eram completamente excluídos da vida religiosa. Alguns cultos mistéricos, como o Mitraísmo, parecem ter oferecido um espaço de inclusão social e de esperança para indivíduos marginalizados e desprivilegiados.

A descoberta de *mithraea* em contextos urbanos humildes e a menção de dedicantes com nomes de origem servil sugerem que escravos e libertos participavam do Mitraísmo. Para estes indivíduos, que viviam em condições de vida precárias e com poucas oportunidades de ascensão social, o Mitraísmo podia oferecer uma promessa de igualdade espiritual e de redenção para além das hierarquias sociais terrenas. A fraternidade mitraica, a experiência comunitária dos rituais e a promessa de salvação individual podiam ser particularmente atraentes para aqueles que se sentiam excluídos e marginalizados pela sociedade romana.

É importante notar que a adesão de escravos ao Mitraísmo desafia a noção de que o culto era exclusivamente uma "religião de soldados" ou de elites sociais. A presença de escravos em *mithraea* demonstra a capacidade do Mitraísmo de transcender as barreiras sociais e de oferecer um apelo universal, abrangendo diferentes estratos da sociedade romana. Para os escravos, o Mitraísmo podia representar um espaço de liberdade espiritual e de dignidade humana, onde podiam encontrar um senso de pertencimento e de valor para além da sua condição social.

Mesmo membros da aristocracia romana, embora em menor número em comparação com os militares e outros grupos sociais, também deixaram vestígios de sua adesão ao Mitraísmo. Inscrições dedicatórias de indivíduos com nomes nobres e a descoberta de *mithraea* em propriedades rurais de famílias aristocráticas sugerem que o culto também encontrou adeptos entre as elites romanas. Para estes indivíduos, que já desfrutavam de privilégios sociais e poder político, o apelo do Mitraísmo podia residir em outros fatores, como a busca por uma experiência religiosa mais exclusiva e iniciática, o fascínio pelo mistério oriental ou a atração por uma forma de religiosidade mais pessoal e emocional do que a religião cívica tradicional.

Em resumo, a diversidade social do Mitraísmo é um aspecto crucial para compreendermos o seu sucesso e a sua ampla disseminação no Império Romano. Embora a ligação com o exército romano seja inegável, o Mitraísmo não era um culto exclusivamente militar, mas sim uma religião que conseguiu atrair adeptos de diferentes estratos sociais, incluindo comerciantes, funcionários públicos, libertos, escravos e até mesmo membros da aristocracia. O apelo do Mitraísmo para estes diversos grupos sociais residia na sua capacidade de oferecer respostas para diferentes necessidades espirituais, sociais e existenciais. Para os militares, oferecia camaradagem, disciplina e um código moral;

para os comerciantes, segurança e prosperidade; para os funcionários públicos, ordem e um sistema hierárquico familiar; para os escravos e libertos, esperança e inclusão social; e para as elites, mistério e uma experiência religiosa mais exclusiva.

A diversidade social do Mitraísmo demonstra a complexidade e a adaptabilidade deste culto misterioso, que conseguiu florescer no caldeirão cultural e social do Império Romano, oferecendo um caminho espiritual alternativo e um senso de comunidade para uma ampla gama de indivíduos.

Capítulo 7
A Tauroctonia e o Nascimento de Mitra

No coração do Mitraísmo, pulsando como a força vital que anima todo o sistema de crenças e rituais, reside o mito da Tauroctonia. Esta cena icônica, omnipresente na arte mitraica e repetidamente representada em esculturas, relevos e pinturas nos *mithraea* por todo o Império Romano, não é meramente uma narrativa entre muitas, mas sim o mito central, a *história sagrada* que resume a cosmologia, a teologia e a soteriologia do culto. A Tauroctonia, a representação de Mitra matando um touro sagrado, é a imagem definidora do Mitraísmo, um símbolo complexo e multifacetado que irradia significado em múltiplas direções, desvendando os mistérios da criação, do sacrifício e da renovação cósmica. Para compreendermos verdadeiramente o Mitraísmo, devemos, antes de mais nada, mergulhar nas profundezas do mito da Tauroctonia e desvendar os seus segredos.

A cena da Tauroctonia é, à primeira vista, enigmática e até mesmo perturbadora. No centro da representação, encontramos Mitra, tipicamente retratado como um jovem vigoroso, vestindo um barrete frígio (um gorro característico associado à região da Frígia, na

Ásia Menor, e também símbolo de liberdade no contexto romano) e um manto esvoaçante. Ele está ajoelhado sobre um touro imenso, subjugando-o com força e determinação. Com a mão esquerda, Mitra puxa a cabeça do touro para trás, enquanto com a mão direita ele crava uma faca ou uma espada no pescoço do animal. O touro, subjugado mas ainda poderoso, debate-se em agonia, com o sangue jorrando da ferida.

No entanto, a cena da Tauroctonia não é composta apenas por Mitra e o touro. Uma série de outras figuras e elementos simbólicos povoam a representação, enriquecendo-a com camadas adicionais de significado. Um cão e uma serpente saltam em direção à ferida do touro, lambendo o sangue que jorra. Um escorpião agarra os testículos do touro com suas pinças. Um corvo paira nas proximidades, por vezes pousado sobre o manto de Mitra ou em outro ponto da cena. Espigas de trigo brotam da cauda do touro ou do sangue que verte da ferida. O Sol e a Lua, frequentemente representados como divindades antropomórficas, observam a cena de cima, cada um de um lado da representação.

Além destas figuras centrais, encontramos frequentemente as representações de Cautes e Cautopates, dois jovens trajados de forma semelhante a Mitra, mas em menor escala, que flanqueiam a cena da Tauroctonia. Cautes, à direita de Mitra, segura uma tocha erguida, apontando para cima, simbolizando o amanhecer e o crescimento. Cautopates, à esquerda de Mitra, segura uma tocha invertida, apontando para baixo, simbolizando o anoitecer e o declínio. Estes dois *dadophoroi* (portadores de tochas) representam os opostos cósmicos, o ciclo diário do sol e o equilíbrio dinâmico do universo.

A interpretação da Tauroctonia tem sido objeto de intenso debate entre os estudiosos do Mitraísmo. No entanto, um consenso geral emergiu em torno da ideia de que a cena representa um mito de criação cósmica e renovação da vida. A morte do touro, longe de ser um ato de violência destrutiva, é entendida como um sacrifício primordial, um ato necessário para dar origem ao cosmos e permitir a continuidade da vida. Do sangue do touro, da sua medula espinhal e do seu sêmen, nascem elementos vitais para o mundo: plantas, animais e a própria vida humana. O trigo que brota da cauda do touro simboliza a fertilidade e a abundância que emanam do sacrifício primordial.

Nesta interpretação, Mitra não é visto como um mero matador de touros, mas sim como um criador cósmico, um agente do sacrifício primordial que possibilita a existência do universo ordenado. O touro, por sua vez, representa a força vital primordial, a energia bruta e caótica que precisa ser subjugada e sacrificada para que a ordem e a vida possam surgir. O sacrifício do touro é, portanto, um ato fundador, um evento cósmico que marca o início da criação e estabelece a ordem no universo.

Os animais que acompanham a Tauroctonia também desempenham papéis simbólicos importantes. O cão, a serpente e o escorpião, ao se alimentarem do touro sacrificado, representam as forças da natureza que se beneficiam do sacrifício primordial, garantindo a continuidade do ciclo da vida. O corvo, mensageiro do

Sol, pode estar associado à comunicação entre o mundo divino e o mundo terreno, ou a outros aspectos do mito que ainda nos escapam. O Sol e a Lua, testemunhas celestiais da Tauroctonia, representam a ordem cósmica e a harmonia universal que resultam do sacrifício. Cautes e Cautopates, com suas tochas ascendentes e descendentes, personificam o ciclo do tempo e a dualidade fundamental da existência.

A Tauroctonia, portanto, não é apenas uma cena isolada, mas sim o centro de um complexo sistema mítico e simbólico. Ela está intimamente ligada a outros mitos e histórias sobre Mitra, incluindo o seu nascimento miraculoso a partir de uma rocha. Segundo a lenda, Mitra não nasceu da forma tradicional, mas sim emergiu já adulto de uma rocha *petrogenetrix* (pedra geradora), segurando uma faca e uma tocha. Este nascimento pétreo, representado em algumas cenas mitraicas, enfatiza a natureza divina e extraordinária de Mitra, separando-o da ordem natural e associando-o a uma origem primordial e misteriosa.

O mito do nascimento de Mitra da rocha complementa o mito da Tauroctonia, oferecendo uma visão mais completa da figura de Mitra e do seu papel no cosmos. Se a Tauroctonia o apresenta como o criador cósmico através do sacrifício, o nascimento da rocha o estabelece como uma divindade primária, que emerge do próprio substrato da realidade, predestinado a realizar os seus feitos cósmicos. A faca e a tocha que Mitra empunha ao nascer já prefiguram o seu papel como agente do sacrifício e portador da luz, elementos centrais da sua missão divina.

Em conjunto, os mitos da Tauroctonia e do nascimento de Mitra formam o núcleo da narrativa mítica mitraica, oferecendo um panorama da cosmologia, da teologia e da soteriologia do culto. Mitra surge como uma divindade primordial, nascida da rocha e destinada a realizar o sacrifício cósmico que dá origem ao universo e permite a renovação da vida. A Tauroctonia, o mito central do Mitraísmo, encapsula esta narrativa fundadora, apresentando-se como um símbolo poderoso e enigmático que convida à contemplação e à interpretação em múltiplos níveis.

Capítulo 8
O Ciclo da Vida de Mitra

Embora a Tauroctonia ocupe o centro do palco na iconografia e na teologia mitraica, representando o mito fundacional do sacrifício primordial e da criação cósmica, o ciclo de vida de Mitra não se resume a este único evento monumental. Ao redor da Tauroctonia, tece-se uma rica tapeçaria de outros mitos e histórias que complementam a narrativa central, expandindo nossa compreensão da figura de Mitra, seus feitos divinos e o sistema de crenças mitraico em sua totalidade. Estas narrativas secundárias, embora menos omnipresentes na arte mitraica do que a Tauroctonia, são cruciais para compreendermos a profundidade e a complexidade da mitologia mitraica, revelando outras facetas do caráter de Mitra e enriquecendo a experiência religiosa dos iniciados.

Um dos mitos mais importantes que complementam a Tauroctonia é o já mencionado nascimento de Mitra a partir da rocha. Este mito, conhecido como *petrogenesis* (nascimento da pedra), narra o nascimento miraculoso de Mitra não de uma mãe humana, mas diretamente de uma *petra genetrix*, uma rocha primordial. As representações artísticas deste mito, embora menos frequentes do que as da

Tauroctonia, mostram Mitra emergindo já adulto da rocha, frequentemente nu, mas sempre portando seus atributos distintivos: a faca curva (ou espada) e o barrete frígio. Por vezes, tochas também são representadas ao lado da rocha, prefigurando o papel de Mitra como portador da luz.

O mito do nascimento da rocha enfatiza a natureza extraordinária e divina de Mitra, separando-o da ordem natural e humana. Seu nascimento não é terreno, mas sim cósmico, emergindo de um elemento primordial da criação. A rocha, como símbolo de solidez, eternidade e origem, reforça a ideia de Mitra como uma divindade primária, preexistente ao próprio mundo criado. A faca e a tocha, que Mitra já empunha ao nascer, prefiguram seu destino e sua missão: a faca, como instrumento do sacrifício da Tauroctonia, e a tocha, como símbolo da luz que ele trará ao mundo. Este nascimento miraculoso estabelece Mitra como um ser excepcional, destinado a realizar grandes feitos e a desempenhar um papel central na cosmologia mitraica.

Outras histórias e lendas sobre Mitra narram seus feitos miraculosos e suas proezas. Embora não haja um cânone textual mitraico que nos relate estas histórias de forma sistemática, inferimos a sua existência a partir de referências esparsas em textos de autores cristãos que polemizaram contra o Mitraísmo, e de representações artísticas que ilustram episódios da vida de Mitra para além da Tauroctonia. Entre estes feitos, destaca-se a lenda de Mitra fazendo água brotar de uma rocha com uma flecha. Esta narrativa ecoa o mito do nascimento pétreo, reforçando a ligação de Mitra com as rochas e a sua capacidade de extrair vida e sustento do elemento inanimado.

Outras lendas podem ter narrado as habilidades de caça de Mitra, representando-o como um herói vigoroso e destemido, dominando animais selvagens e demonstrando sua força e destreza. A caça, como atividade associada à nobreza e à bravura no mundo romano, podia reforçar a imagem de Mitra como um modelo de virtude marcial, especialmente para os seus adeptos militares. Algumas representações artísticas mostram Mitra envolvido em cenas de caça, confirmando a existência destas narrativas.

Um mito de particular importância é o do pacto ou aliança entre Mitra e o Sol (Sol Invictus). Segundo esta narrativa, Mitra e o Sol inicialmente se enfrentaram em combate, mas, após um duelo vigoroso, reconheceram a força um do outro e firmaram um pacto de amizade e colaboração. Este pacto é frequentemente representado artisticamente como uma cena de aperto de mãos entre Mitra e o Sol, selando a aliança. Em algumas representações mais elaboradas, segue-se a este pacto um banquete sagrado, onde Mitra e o Sol compartilham uma refeição, selando a sua união e estabelecendo uma ordem cósmica harmoniosa.

O mito do pacto entre Mitra e o Sol é de grande importância teológica e cosmológica no Mitraísmo. O Sol, como fonte de luz e vida, ocupa um lugar central na cosmologia mitraica, sendo frequentemente associado à própria divindade suprema, ou pelo menos a uma manifestação superior do poder divino. A aliança entre Mitra e o Sol representa a união de duas forças cósmicas fundamentais, estabelecendo um equilíbrio dinâmico e harmonioso no universo. O banquete sagrado que se segue ao pacto simboliza a comunhão e a cooperação entre estas forças cósmicas, garantindo a ordem e a prosperidade do mundo.

Este mito também explica a relação hierárquica entre Mitra e o Sol no panteão mitraico. Embora Mitra seja o herói central do culto e o agente do sacrifício primordial, o Sol é frequentemente reverenciado como uma divindade superior, ou pelo menos como uma manifestação mais direta do poder divino supremo. O grau mitraico de *Heliodromus* ("Corredor do Sol"), o quinto na hierarquia iniciática, sugere a importância do Sol no sistema mitraico, e a própria designação de *Sol Invictus* (Sol Inconquistável), frequentemente associada ao Mitraísmo, reforça esta centralidade solar.

O ciclo de vida de Mitra culmina com a sua ascensão ao céu. Após completar sua missão terrena e estabelecer a ordem cósmica através da Tauroctonia e do pacto com o Sol, Mitra ascende ao reino celeste, reunindo-se ao Sol e aos outros deuses. Esta ascensão é frequentemente representada artisticamente como Mitra sendo elevado ao céu em uma carruagem, conduzida pelo próprio Sol, ou por outros seres divinos. Em algumas representações, o banquete sagrado entre Mitra e o Sol precede a ascensão, marcando o clímax da jornada terrena de Mitra e a sua entrada definitiva no reino divino.

O mito da ascensão de Mitra ao céu é fundamental para a soteriologia mitraica, ou seja, para a compreensão da salvação e do destino final da alma no

Mitraísmo. A ascensão de Mitra serve como um modelo e uma promessa para os iniciados mitraicos. Assim como Mitra ascendeu ao céu após completar sua jornada terrena, os iniciados esperavam, através da iniciação e da prática dos rituais mitraicos, seguir o caminho de Mitra e alcançar a imortalidade ou uma existência bem-aventurada após a morte. O grau mitraico de *Pater* ("Pai"), o mais elevado na hierarquia iniciática, pode estar associado a esta promessa de ascensão e à emulação do destino divino de Mitra.

Em conjunto, estes mitos e histórias, para além da Tauroctonia, compõem um ciclo de vida de Mitra rico e multifacetado. Desde o seu nascimento miraculoso da rocha, passando por seus feitos heróicos, o pacto com o Sol e culminando na sua ascensão ao céu, a mitologia mitraica oferece um panorama da jornada divina de Mitra, do seu papel como criador e ordenador do cosmos, e do seu destino final como divindade celeste. Estas narrativas, embora fragmentárias e dispersas, contribuem para a construção de uma imagem complexa e fascinante de Mitra, o herói central do culto mistérico que cativou tantos adeptos no Império Romano.

Capítulo 9
O Universo em Sete Esferas

Para além dos mitos e rituais que exploramos nos anteriormente, o Mitraísmo possuía uma cosmologia elaborada e sofisticada, que fornecia um mapa do universo e do lugar da humanidade dentro dele. Esta cosmologia, embora não totalmente explicitada em textos mitraicos diretos (dada a natureza secreta do culto), pode ser reconstruída a partir de evidências arqueológicas, iconográficas e referências em autores antigos. No centro desta visão de mundo mitraica encontra-se o conceito do universo estruturado em sete esferas planetárias, uma ideia cosmológica comum no mundo antigo, mas que no Mitraísmo adquiriu um significado particular e uma integração profunda com a soteriologia e a prática ritual do culto.

A ideia das sete esferas planetárias não era uma invenção original do Mitraísmo. Pelo contrário, era um modelo cosmológico amplamente difundido no mundo greco-romano e no Oriente Próximo, com raízes na astronomia e astrologia babilônicas e na filosofia grega, em particular na tradição platônica e estoica. Este modelo cosmológico postulava que o universo era organizado em uma série de esferas concêntricas, cada uma delas correspondendo a um dos sete corpos celestes visíveis a olho nu que se moviam de forma diferente das "estrelas fixas": a Lua, Mercúrio, Vênus, o Sol, Marte, Júpiter e Saturno, em ordem crescente de distância da Terra (na visão geocêntrica predominante na antiguidade).

No contexto mitraico, estas sete esferas planetárias não eram apenas entidades astronômicas, mas também reinos cósmicos com significado espiritual e simbólico. Cada esfera era associada a um planeta específico, e por extensão, às características astrológicas e mitológicas atribuídas a esse planeta na astrologia antiga. A ordem das esferas, da mais próxima à Terra para a mais distante, refletia não apenas a sua posição física no cosmos, mas também uma hierarquia espiritual e um caminho de ascensão para a alma.

As sete esferas planetárias no Mitraísmo eram geralmente associadas aos seguintes planetas e características:

Lua (Primeira Esfera): A esfera mais próxima da Terra, associada ao princípio feminino, à geração, ao crescimento, à mudança, ao mundo sublunar e às primeiras etapas da jornada da alma.

Mercúrio (Segunda Esfera): Associada à comunicação, à inteligência, ao comércio, à eloqüência, à astúcia e à transição entre os mundos, servindo como um guia para a alma.

Vênus (Terceira Esfera): Associada ao amor, à beleza, à harmonia, ao prazer, à paixão, à fertilidade e à reconciliação dos opostos, representando um estágio de purificação emocional para a alma.

Sol (Quarta Esfera): O ponto central, a esfera do astro rei, associada à luz, à vida, à razão, à ordem, à justiça, à divindade suprema (Sol Invictus) e ao ponto de equilíbrio e iluminação na jornada da alma.

Marte (Quinta Esfera): Associada à guerra, à coragem, à força, à agressividade, à ação, à disciplina e à superação dos obstáculos, representando um teste da força moral e espiritual da alma.

Júpiter (Sexta Esfera): Associada à realeza, à sabedoria, à lei, à ordem cósmica, à justiça divina, à prosperidade e à recompensa, representando um estágio de sabedoria e autoridade espiritual para a alma.

Saturno (Sétima Esfera): A esfera mais distante, associada ao tempo, ao destino, à melancolia, à introspecção, à morte, à transcendência dos limites terrenos e ao limiar do reino estrelar fixo, representando o estágio final da jornada da alma antes da união com o divino.

Este modelo cosmológico das sete esferas planetárias não era apenas uma descrição estática do universo, mas sim um mapa dinâmico da jornada da alma após a morte. No contexto mitraico, acreditava-se que a alma humana, após a morte do corpo físico, iniciava uma jornada de ascensão através destas sete esferas planetárias, em direção ao reino das estrelas fixas e, em última instância, à união com o divino. Esta jornada da alma através das esferas era vista como um processo de purificação, ascensão espiritual e progressão através de diferentes níveis de existência cósmica.

Cada esfera planetária representava um estágio de purificação e transformação para a alma. Ao ascender através de cada esfera, a alma deveria se libertar das impurezas e paixões terrenas associadas ao planeta regente daquela esfera, adquirindo as virtudes e qualidades espirituais correspondentes. Por exemplo, ao passar pela esfera de Vênus, a alma purificaria os seus desejos e paixões terrenas, aprendendo o amor e a harmonia; ao ascender pela esfera de Marte, superaria a sua agressividade e impulsividade, cultivando a coragem e a disciplina; e assim por diante, até atingir a esfera de Saturno, onde se libertaria completamente das amarras do mundo material e se prepararia para a ascensão final.

A iconografia mitraica frequentemente reflete esta cosmologia das sete esferas. Alguns *mithraea* foram decorados com representações dos sete planetas e dos signos do zodíaco, sugerindo que o espaço ritual era visto como um microcosmo, um reflexo do universo ordenado em esferas. Os sete graus de iniciação mitraica também podem estar relacionados com as sete esferas planetárias, com cada grau representando uma etapa da jornada espiritual e uma aproximação progressiva à divindade. A própria estrutura do *mithraeum*, muitas vezes construído como uma caverna escura e abobadada, pode ter sido concebida para evocar o cosmos e a jornada da alma através das esferas.

A cosmologia das sete esferas também implicava uma visão astrológica do universo no Mitraísmo. Acreditava-se que os planetas, em suas órbitas através das esferas, exerciam influência sobre o mundo sublunar e sobre a vida humana. A astrologia, amplamente praticada no mundo romano, era provavelmente integrada ao sistema de crenças mitraico, com os iniciados buscando compreender as influências planetárias e alinhar-se com as forças cósmicas para facilitar a sua jornada espiritual. A escolha dos nomes dos graus mitraicos (Corax, Nymphus, Miles, Leo, Perses, Heliodromus, Pater) também pode refletir associações astrológicas e planetárias, embora as interpretações precisas variem entre os estudiosos.

Em suma, a cosmologia mitraica das sete esferas planetárias representa um elemento fundamental para a compreensão da visão de mundo do culto. Este modelo cosmológico não era apenas uma descrição do universo físico, mas sim um mapa espiritual da jornada da alma, um caminho de purificação, ascensão e união com o divino. A cosmologia das sete esferas integrava-se profundamente com a soteriologia, a prática ritual e o simbolismo do Mitraísmo, fornecendo um quadro de referência para a experiência religiosa dos iniciados e para a sua busca por transcendência e sentido na vida.

Capítulo 10
O Panteão Mitraico

Embora Mitra ocupe a posição central e indiscutível no culto mitraico, sendo o herói mítico, o agente da Tauroctonia e o guia soteriológico dos iniciados, o panteão mitraico não se limita a esta figura singular. Ao redor de Mitra, gravitam uma série de divindades auxiliares e figuras simbólicas que enriquecem o sistema religioso, complementando a sua teologia e cosmologia. Estas entidades, embora menos proeminentes do que Mitra nas representações artísticas e na literatura existente, desempenham papéis importantes na narrativa mítica, nos rituais e na visão de mundo mitraica, revelando a complexidade e a riqueza do panteão mitraico para além da figura central do deus touroctone.

Entre as divindades auxiliares mais frequentemente representadas e mencionadas em contextos mitraicos, destacam-se Cautes e Cautopates, os *dadophoroi* ou portadores de tochas que flanqueiam a cena da Tauroctonia. Estas duas figuras jovens, vestidas de forma semelhante a Mitra, mas em menor escala, são quase omnipresentes nas representações da Tauroctonia, e também aparecem em cenas separadas, muitas vezes associadas ao Sol e à Lua. Cautes e Cautopates personificam a dualidade cósmica da luz e das trevas, do dia e da noite, do amanhecer e do anoitecer, representando os opostos complementares que estruturam o universo e o ciclo do tempo.

Cautes, geralmente posicionado à direita de Mitra na Tauroctonia (do ponto de vista do observador), segura uma tocha erguida e ascendente. Este gesto simboliza o amanhecer, o sol nascente, a luz que emerge das trevas, o crescimento, a vida que ascende e a força criativa e ascendente do cosmos. Cautes é frequentemente associado à primavera, ao leste e ao hemisfério celeste ascendente. Seu nome pode estar relacionado com a palavra persa para "consciência" ou "vigilância", sugerindo uma ligação com a iluminação e o despertar espiritual.

Cautopates, por sua vez, posicionado à esquerda de Mitra, segura uma tocha invertida e descendente. Este gesto simboliza o anoitecer, o sol poente, a luz que declina nas trevas, o declínio, a morte (em um sentido de transformação e não aniquilação) e a força descendente e transformadora do cosmos. Cautopates é frequentemente associado ao outono, ao oeste e ao hemisfério celeste descendente. Seu nome pode derivar de uma combinação de palavras persas que significam "aquele que guarda" ou "aquele que protege", sugerindo uma função de guardião do limiar entre o dia e a noite, a vida e a morte.

Cautes e Cautopates, em sua dualidade complementar, representam o princípio dualista fundamental da cosmologia mitraica, a luta constante e equilibrada entre a luz e as trevas, o bem e o mal, a criação e a destruição, a vida e a morte. Esta dualidade não é vista como um conflito irreconciliável, mas sim como uma dinâmica essencial para a existência do universo ordenado. A interação e a complementaridade entre Cautes e Cautopates garantem o ciclo do tempo, a alternância entre o dia e a noite, as estações do ano e, em última instância, a continuidade da vida.

Outra divindade auxiliar de importância no panteão mitraico é o Sol Invictus, o Sol Inconquistável. Já mencionado no contexto do mito do pacto entre Mitra e o Sol, Sol Invictus ocupa uma posição de destaque na hierarquia divina mitraica, sendo frequentemente reverenciado como a divindade suprema ou como uma manifestação superior do poder divino. O culto do Sol Invictus já existia no mundo romano antes do surgimento do Mitraísmo, mas foi integrado e reinterpretado no contexto mitraico, tornando-se uma peça central da teologia do culto.

No Mitraísmo, Sol Invictus é frequentemente representado como uma divindade radiante e poderosa, associada à luz, à vida, à ordem cósmica, à justiça divina e à realeza celeste. Ele é visto como a fonte primordial de toda a luz e vida no universo, e como o regente supremo do cosmos. O pacto entre Mitra e Sol Invictus estabelece uma relação de colaboração e harmonia entre as duas divindades, com Mitra agindo como o agente de Sol Invictus no mundo sublunar, realizando o sacrifício da Tauroctonia e guiando as almas dos iniciados em sua jornada espiritual.

Embora a relação hierárquica precisa entre Mitra e Sol Invictus seja objeto de debate, a evidência sugere que Sol Invictus era geralmente considerado superior a Mitra no panteão mitraico. O grau de iniciação de *Heliodromus* ("Corredor do Sol"), o quinto na hierarquia mitraica, indica uma veneração especial ao Sol, e a própria designação de "Sol Invictus" enfatiza a sua invencibilidade e supremacia. Em algumas representações, Sol Invictus é mostrado coroando Mitra ou concedendo-lhe poder, simbolizando a sua autoridade superior.

Para além de Cautes, Cautopates e Sol Invictus, outras divindades e figuras simbólicas povoam o panteão mitraico, embora com menor frequência e proeminência. A Lua, como contraparte celeste do Sol, também é frequentemente representada em cenas mitraicas, especialmente associada a Cautopates, reforçando a dualidade luz-trevas e Sol-Lua. O Oceano (Oceanus), divindade primordial das águas que circundam o mundo, por vezes aparece em representações mitraicas, simbolizando as forças primordiais da natureza e o substrato aquático da criação.

Outras figuras simbólicas, como as estações do ano, os ventos e os elementos cósmicos, podem ser inferidas a partir de algumas representações e descrições, embora não sejam personificadas como divindades distintas. Os signos do zodíaco, como já mencionado no contexto da cosmologia mitraica, também desempenham um papel simbólico importante, representando as influências celestes e a ordem cósmica que governam o universo e a vida humana.

É importante notar que o panteão mitraico não era um sistema rígido e dogmático, mas sim um conjunto flexível e adaptável de divindades e símbolos, que podia variar em detalhes e ênfase entre diferentes *mithraea* e regiões do Império Romano. O Mitraísmo, como religião de mistério, permitia uma certa latitude na interpretação e na expressão das crenças, desde que mantidas as figuras centrais e os princípios fundamentais do culto.

Em resumo, o panteão mitraico, embora centrado na figura de Mitra, não se limita a esta divindade singular. Cautes e Cautopates, Sol Invictus, a Lua e outras figuras simbólicas enriquecem o sistema religioso, representando princípios cósmicos, forças da natureza e aspectos da divindade que complementam a figura central de Mitra. Este panteão complexo e multifacetado reflete a sofisticação da teologia mitraica e a sua capacidade de integrar diversas influências religiosas e filosóficas do mundo greco-romano e oriental.

Capítulo 11
Princípios e Crenças Fundamentais

Após explorarmos o panteão mitraico e as divindades auxiliares que o compõem, é crucial direcionarmos o nosso foco para o cerne da teologia mitraica, ou seja, o sistema de crenças e princípios fundamentais que sustentavam este culto misterioso. Embora o Mitraísmo não possua um conjunto de escrituras canônicas ou declarações doutrinárias formais, podemos reconstruir os seus princípios teológicos a partir da análise dos mitos, rituais, iconografia e das escassas referências textuais indiretas. Ao fazermos isso, emerge um quadro de uma teologia sofisticada e coerente, que se centra em torno de ideias como o dualismo cósmico, a busca pela salvação, a imortalidade da alma e um código ético rigoroso.

Um dos princípios teológicos mais proeminentes e definidores do Mitraísmo é o dualismo cósmico. Como já aludimos ao discutir Cautes e Cautopates, o Mitraísmo percebia o universo como um campo de batalha cósmico, um palco para a luta incessante entre forças opostas, personificadas pela dualidade entre a luz e as trevas, o bem e o mal. Esta visão dualista do cosmos não era exclusiva do Mitraísmo, sendo um tema recorrente em diversas religiões e filosofias do mundo antigo, especialmente nas tradições persas e iranianas, que possivelmente influenciaram o Mitraísmo.

No contexto mitraico, este dualismo cósmico manifestava-se em múltiplas formas. A já mencionada oposição entre Cautes e Cautopates, portadores da tocha ascendente e descendente, personificava a dualidade entre o dia e a noite, o amanhecer e o anoitecer, a luz e as trevas. O próprio mito da Tauroctonia, com a luta entre Mitra e o touro primordial, pode ser interpretado como uma representação da luta entre a ordem e o caos, a criação e a destruição, o bem e o mal. A iconografia mitraica frequentemente utilizava símbolos de luz e trevas, como o Sol e a Lua, ou cores claras e escuras, para enfatizar esta dualidade fundamental.

Este dualismo cósmico não era apenas uma descrição metafísica do universo, mas também uma realidade existencial e moral para os iniciados mitraicos. Acreditava-se que a luta entre o bem e o mal se refletia no mundo humano e na própria alma de cada indivíduo. A vida humana era vista como um campo de batalha microcósmico, onde as forças da luz e das trevas lutavam pelo domínio sobre a alma. O iniciado mitraico era chamado a tomar partido nesta luta cósmica, alinhando-se com as forças da luz e combatendo as trevas dentro de si e no mundo exterior.

A salvação ocupa um lugar central na teologia mitraica, embora a natureza precisa da salvação mitraica seja ainda objeto de debate e interpretação. Ao contrário de algumas religiões que prometem a salvação como um dom divino gratuito, o Mitraísmo parece enfatizar a necessidade do esforço humano, da iniciação e da prática ritual para alcançar a salvação. A iniciação nos mistérios mitraicos, com a progressão através dos sete graus, era vista como um caminho de ascensão espiritual e de purificação da alma, preparando o iniciado para a jornada pós-morte e para a união com o divino.

A figura de Mitra desempenha um papel crucial na soteriologia mitraica. Como o agente da Tauroctonia, Mitra é o salvador cósmico que vence o caos primordial e estabelece a ordem no universo. Ele é também o guia e o protetor dos iniciados, conduzindo-os na jornada espiritual e oferecendo-lhes a promessa de salvação. A imitação de Mitra, através da participação nos rituais mitraicos e da adoção das virtudes mitraicas, era vista como um caminho para a salvação individual.

A imortalidade da alma é outra crença fundamental da teologia mitraica, embora a natureza precisa da vida após a morte no Mitraísmo seja pouco clara devido à escassez de fontes diretas. A ascensão de Mitra ao céu, após completar a sua missão terrena, servia como um modelo e uma promessa para os iniciados. Acreditava-se que, através da iniciação e da prática ritual, a alma do iniciado poderia seguir o caminho de Mitra e ascender ao reino celeste após a morte do corpo físico.

A cosmologia das sete esferas planetárias, discutida anteriormente, está intimamente ligada à soteriologia mitraica e à crença na imortalidade da alma. A jornada da alma através das esferas, após a morte, era vista como um processo de purificação e ascensão espiritual, culminando na união com o divino no reino das estrelas fixas ou para além. Os rituais mitraicos, realizados nos *mithraea* que representavam microcosmos do universo ordenado, visavam preparar a alma para esta jornada pós-morte, fortalecendo-a e purificando-a para a ascensão através das esferas.

A teologia mitraica também incluía um código ético e moral que guiava a conduta dos iniciados. Este código ético, embora não explicitamente formulado em textos mitraicos, pode ser inferido a partir da iconografia, dos rituais e das referências em autores antigos. As virtudes mitraicas, como a lealdade, a disciplina, a coragem, a camaradagem, a honestidade, o auto-controle e a resistência, eram altamente valorizadas e promovidas dentro do culto.

Estas virtudes, como já mencionado no contexto da ligação do Mitraísmo com o exército romano, ressoavam com os ideais militares e os valores romanos tradicionais. No entanto, no contexto mitraico, estas virtudes adquiriam uma dimensão espiritual e religiosa mais profunda. Não eram apenas qualidades desejáveis para a vida terrena, mas também requisitos essenciais para a jornada espiritual e para a luta contra as forças das trevas, tanto internas quanto externas. O iniciado mitraico era chamado a viver de acordo com estes princípios éticos, buscando a perfeição moral e espiritual como parte do seu caminho para a salvação.

A busca pela luz é um tema recorrente na teologia e no simbolismo mitraico. A luz, em oposição às trevas, é um símbolo central do bem, da verdade, do conhecimento, da ordem e da divindade. Mitra é frequentemente associado à luz, sendo representado como um portador de tocha e como um emissário do Sol

Invictus, a fonte primordial de toda a luz. A iniciação mitraica, com seus rituais realizados em *mithraea* escuros e subterrâneos, pode ser interpretada como uma jornada simbólica das trevas para a luz, um processo de iluminação espiritual e de despertar para a verdade divina.

A metáfora da luz e das trevas permeia a teologia mitraica, representando a luta cósmica entre o bem e o mal, mas também o caminho da alma em busca de iluminação e salvação. O iniciado mitraico era chamado a seguir o caminho da luz, a rejeitar as trevas do erro, da ignorância e do mal, e a buscar a união com a fonte primordial da luz divina.

Em resumo, a teologia mitraica, embora fragmentária e reconstruída a partir de diversas fontes indiretas, revela um sistema de crenças coerente e sofisticado, centrado em torno de princípios como o dualismo cósmico, a busca pela salvação, a imortalidade da alma e um código ético rigoroso. Mitra, como figura central deste sistema, é o salvador cósmico, o guia espiritual e o modelo de virtude para os iniciados. A teologia mitraica oferecia aos seus adeptos uma visão de mundo abrangente e um caminho espiritual bem definido, respondendo às suas necessidades existenciais e oferecendo um sentido de propósito e esperança em um mundo complexo e incerto.

Capítulo 12
O Caminho do Iniciado

Tendo explorado a intrincada teologia mitraica e o panteão de divindades que orbitam Mitra, torna-se imperativo investigar como esses princípios transcendentais se traduziam em um sistema ético e moral prático para os iniciados. O Mitraísmo não era apenas um conjunto de crenças abstratas ou rituais esotéricos; ele oferecia um caminho de vida concreto, um código de conduta que moldava o comportamento e as escolhas dos seus adeptos no dia a dia. A ética e a moralidade no Mitraísmo não eram meros adornos, mas sim o próprio fundamento sobre o qual se construía o "caminho do iniciado", a jornada de aperfeiçoamento espiritual e busca pela luz que caracterizava a experiência religiosa mitraica.

Como já delineamos em páginas precedentes, a cosmologia mitraica era intrinsecamente dualista, percebendo o universo como um campo de batalha entre as forças da luz e das trevas, do bem e do mal. Esta dualidade cósmica ecoava no plano da existência humana, onde cada indivíduo se encontrava inserido nesta luta incessante. A ética e a moralidade mitraicas surgiam, portanto, como ferramentas essenciais para o iniciado se alinhar com as forças da luz, combater as trevas internas e externas e trilhar o caminho da salvação e da ascensão espiritual. O "caminho do iniciado" era, em essência, um caminho de aperfeiçoamento moral, um esforço contínuo para encarnar as virtudes mitraicas e viver em harmonia com a ordem cósmica.

No cerne da ética mitraica, encontramos um conjunto de virtudes fundamentais, qualidades morais que guiavam a conduta dos iniciados e definiam o ideal de perfeição mitraica. Embora não exista um catecismo formal que liste estas virtudes, podemos inferi-las a partir da iconografia mitraica, das práticas rituais e de referências indiretas em textos antigos. Entre as virtudes mitraicas mais proeminentes, destacam-se:

Lealdade (Fidelidade): A lealdade era uma virtude primordial no Mitraísmo, manifestando-se em diversos níveis. Lealdade a Mitra, o herói divino e salvador; lealdade à comunidade mitraica, à irmandade de iniciados; e lealdade aos juramentos de segredo e aos compromissos rituais. A lealdade era o cimento que unia a comunidade mitraica, criando laços de solidariedade e confiança mútua, essenciais para um culto de mistério que dependia da discrição e do segredo. Para os soldados, a lealdade era um valor militar fundamental, e a sua transposição para o âmbito religioso no Mitraísmo reforçava o apelo do culto para este grupo social.

Disciplina (Auto-domínio): A disciplina, tanto física quanto mental, era altamente valorizada no Mitraísmo. O auto-controle, a capacidade de dominar os impulsos e paixões, era visto como essencial para o progresso espiritual e para a vida em harmonia com a ordem cósmica. A disciplina se manifestava na adesão rigorosa aos rituais, no cumprimento dos juramentos, na moderação nos prazeres e na busca constante pelo autoaperfeiçoamento. Para os militares, a disciplina era uma virtude inerente à vida castrense, e o Mitraísmo internalizava e espiritualizava este valor, transformando-o em um pilar da ética religiosa.

Coragem (Valor): A coragem, a bravura diante do perigo e dos desafios, era outra virtude mitraica proeminente. A vida do iniciado, como a do soldado, era vista como uma jornada árdua, repleta de provações e obstáculos. A coragem era necessária para enfrentar estes desafios, tanto no plano material quanto no espiritual. A coragem mitraica não era apenas a bravura física no campo de batalha, mas também a coragem moral de manter a fé, perseverar no caminho da iniciação e combater as forças das trevas internas e externas.

Camaradagem (Irmandade): A camaradagem, o espírito de união e apoio mútuo entre os membros da comunidade mitraica, era um valor fundamental. Os *mithraea* eram espaços de encontro e convívio fraternal, onde os iniciados se apoiavam mutuamente em sua jornada espiritual. A refeições rituais e os banquetes sagrados promoviam a coesão social e o senso de pertencimento à irmandade mitraica. A camaradagem era especialmente importante para os soldados, que encontravam no Mitraísmo uma extensão da camaradagem militar, um vínculo fraternal que transcendia os laços de sangue e de origem social.

Honestidade (Integridade): A honestidade, a veracidade e a retidão moral eram virtudes esperadas dos iniciados mitraicos. A integridade moral, a coerência entre os princípios e a conduta, era vista como essencial para o progresso espiritual e para a manutenção da ordem dentro da comunidade mitraica. A honestidade se manifestava na veracidade nos juramentos, na retidão nos negócios e na sinceridade nas relações interpessoais dentro da irmandade.

Auto-controle (Temperança): O auto-controle, a moderação nos desejos e paixões, era uma virtude valorizada no Mitraísmo, em linha com a filosofia estoica e outras correntes de pensamento da época. O domínio sobre os impulsos e apetites era visto como essencial para a purificação da alma e para a libertação das amarras do mundo material. O auto-controle se manifestava na moderação na alimentação e bebida, no domínio da sexualidade e na contenção das emoções negativas, como a raiva e a inveja.

Resistência (Perseverança): A resistência, a capacidade de suportar dificuldades e perseverar em face da adversidade, era uma virtude essencial para o iniciado mitraico. O caminho da iniciação era longo e árduo, exigindo esforço contínuo e dedicação inabalável. A resistência era necessária para superar os obstáculos no caminho espiritual, para manter a fé em tempos de provação e para perseverar na busca pela luz, mesmo diante das trevas.

Estas virtudes mitraicas não eram apenas ideais abstratos, mas sim princípios orientadores da conduta diária dos iniciados. A ética mitraica se manifestava na forma como os iniciados se relacionavam uns com os outros dentro da comunidade, como se comportavam em relação aos não-iniciados e como conduziam suas vidas em geral. A lealdade à comunidade mitraica se traduzia na participação ativa nos rituais, no apoio mútuo entre os membros e na discrição em relação aos segredos do culto. A disciplina se refletia na observância das regras rituais, na moderação nos prazeres e na busca pelo autoaperfeiçoamento constante. A coragem se manifestava na firmeza da fé, na perseverança nas provações e na defesa dos valores mitraicos.

O código moral mitraico estava intrinsecamente ligado à prática ritual. Os rituais de iniciação, os banquetes sagrados, as orações e os hinos mitraicos não eram apenas cerimônias formais, mas também experiências transformadoras que visavam moldar o caráter moral e espiritual dos iniciados. Os juramentos de segredo, proferidos durante as iniciações, não eram apenas compromissos de discrição, mas também declarações de intenção moral, reforçando a importância da honestidade e da fidelidade aos princípios mitraicos. As refeições rituais, compartilhadas em comunidade, promoviam a camaradagem e a fraternidade, incentivando a prática da virtude da solidariedade.

O "caminho do iniciado" no Mitraísmo era, portanto, uma jornada moral e espiritual contínua. A progressão através dos sete graus iniciáticos não era apenas uma ascensão hierárquica, mas também um processo de refinamento ético e de crescimento espiritual. Cada grau mitraico podia estar associado a virtudes específicas a serem cultivadas e desafios morais a serem superados. O objetivo final deste caminho era a transformação completa do iniciado, a sua progressiva aproximação ao ideal de perfeição moral e espiritual representado por Mitra, e a sua eventual ascensão ao reino da luz.

Em contraste com outros sistemas morais da época, como a ética cívica romana ou a emergente ética cristã, a moralidade mitraica se caracterizava por seu caráter iniciático e interno. Não se tratava tanto de um código de conduta pública ou de leis externas, mas sim de um conjunto de princípios morais internalizados, a serem cultivados no íntimo do indivíduo através da iniciação e da prática religiosa. A ética mitraica era uma moralidade de aperfeiçoamento pessoal, voltada para a transformação interior do iniciado e para a sua jornada espiritual individual.

Em conclusão, a ética e a moralidade no Mitraísmo eram elementos essenciais e intrínsecos ao culto. As virtudes mitraicas, como a lealdade, a disciplina, a coragem, a camaradagem, a honestidade, o auto-controle e a resistência, formavam o código moral que guiava a conduta dos iniciados e definiam o "caminho do iniciado". Este caminho era uma jornada contínua de aperfeiçoamento moral e espiritual, impulsionada pela prática ritual e pela busca pela luz, visando a transformação interior do iniciado e a sua eventual salvação. A ética mitraica não era apenas um conjunto de regras, mas sim uma filosofia prática de vida, um guia para a conduta cotidiana e um roteiro para a jornada espiritual, moldando a identidade e a experiência religiosa dos adeptos do culto de Mitra no Império Romano.

Capítulo 13
A Caverna Sagrada e o Espaço Ritual

Para além dos mitos complexos, da teologia dualista e da ética rigorosa, a experiência religiosa do Mitraísmo era profundamente moldada pelo mitraeu, o local de culto distintivo e essencial para os iniciados. O mitraeu, invariavelmente concebido como uma caverna sagrada, artificialmente construída ou adaptada de espaços subterrâneos naturais, não era meramente um edifício funcional para a realização de rituais. Pelo contrário, era um espaço ritual carregado de simbolismo, cuidadosamente arquitetado e decorado para evocar uma atmosfera misteriosa e transcendental, transportando os iniciados para um microcosmo que refletia a ordem cósmica e facilitava a sua jornada espiritual. A compreensão do mitraeu como um espaço sagrado e ritual é fundamental para desvendarmos os segredos da prática religiosa mitraica e a experiência mística que ela proporcionava aos seus adeptos.

A escolha da caverna como modelo arquitetónico para o mitraeu não era arbitrária, mas sim profundamente simbólica e carregada de significado dentro do contexto mitraico. A caverna, enquanto formação natural escura, subterrânea e misteriosa, possuía uma rica carga simbólica em diversas culturas antigas, frequentemente associada ao submundo, às forças ctónicas, ao mistério da vida e da morte, e ao renascimento. No Mitraísmo, a caverna remetia diretamente ao mito do nascimento de Mitra a partir da rocha (*petrogenesis*), um evento fundador que estabelecia a origem divina e extraordinária do herói central do culto. O mitraeu, ao replicar o ambiente cavernoso, invocava este mito primordial, recriando simbolicamente o local de nascimento de Mitra e transformando-o em um espaço sagrado, impregnado da presença divina.

A arquitetura do mitraeu seguia geralmente um padrão relativamente consistente, embora com variações regionais e adaptações aos espaços disponíveis. O mitraeu era tipicamente um espaço estreito, alongado e subterrâneo ou semi-subterrâneo, concebido para evocar a atmosfera escura e claustrofóbica de uma caverna natural. A luz natural era intencionalmente limitada, ou mesmo completamente ausente, criando um ambiente de penumbra e mistério, propício à introspecção e à experiência mística. O acesso ao mitraeu era frequentemente feito através de uma entrada estreita e discreta, reforçando a ideia de um espaço secreto e reservado apenas aos iniciados.

O espaço interior do mitraeu era geralmente dividido em três zonas principais:

A ante-câmara (ou vestíbulo): Um espaço de entrada, muitas vezes menos elaborado do que o corpo principal do mitraeu, servindo como área de preparação e transição para os iniciados antes de entrarem no espaço ritual propriamente dito.

O corredor central (ou nave): O espaço principal do mitraeu, alongado e estreito, com bancos corridos (*podia*) dispostos ao longo das paredes laterais. Estes bancos, geralmente elevados e construídos em alvenaria ou madeira, destinavam-se a acomodar os iniciados durante os rituais e banquetes mitraicos. O corredor central era o local principal para a realização dos rituais e cerimônias do culto.

O santuário (ou cabeceira): Localizado no extremo oposto à entrada do mitraeu, o santuário era o ponto focal do espaço ritual, onde se encontrava a representação central da Tauroctonia. A imagem da Tauroctonia, esculpida em relevo, pintada ou esculpida em vulto redondo, era colocada em um nicho, em um altar ou simplesmente adossada à parede da cabeceira, dominando visualmente o mitraeu e servindo como objeto central de veneração e contemplação.

A decoração do mitraeu era cuidadosamente elaborada e rica em simbolismo mitraico. Para além da omnipresente representação da Tauroctonia no santuário, as paredes, o teto e o pavimento do mitraeu eram frequentemente decorados com pinturas, relevos e esculturas que ilustravam outros mitos mitraicos, representavam divindades auxiliares (como Cautes e Cautopates, Sol Invictus, etc.), símbolos zodiacais, planetários e cósmicos. A decoração mitraica não era meramente ornamental, mas sim parte integrante do espaço ritual, reforçando a atmosfera misteriosa e transmitindo mensagens teológicas e cosmológicas aos iniciados.

As cores utilizadas na decoração dos mitraeus eram frequentemente simbólicas. O azul, o dourado e o vermelho, por exemplo, eram cores recorrentes, associadas ao céu, ao sol e ao sangue da vida, respetivamente. A utilização da cor azul no teto abobadado de alguns mitraeus visava evocar o céu noturno e a esfera celeste, reforçando a ideia do mitraeu como um microcosmo do universo. A cor dourada podia ser utilizada para representar o sol e a luz divina, enquanto o vermelho podia simbolizar o sangue do sacrifício da Tauroctonia e a força vital que emana dele.

A iluminação artificial no mitraeu, proveniente de tochas, lamparinas a óleo ou velas, desempenhava um papel crucial na criação da atmosfera misteriosa e ritualística. A luz bruxuleante e ténue, projetando sombras dançantes nas paredes decoradas, intensificava o caráter cavernoso do espaço e contribuía para a experiência sensorial e emocional dos iniciados. A luz, no Mitraísmo, era um símbolo central do bem, da verdade e da divindade, e a iluminação artificial no mitraeu evocava simbolicamente a busca pela luz espiritual e a superação das trevas da ignorância e do mal.

O mitraeu, enquanto espaço ritual, era o local onde se desenrolavam os rituais e as cerimônias do culto mitraico, desde as iniciações nos diferentes graus hierárquicos, até aos banquetes sagrados e às refeições rituais. O mitraeu era, portanto, um palco para a encenação dos mistérios mitraicos, um espaço de performance ritual onde os mitos ganhavam vida e os iniciados participavam ativamente na recriação da história sagrada de Mitra. A atmosfera misteriosa, a decoração simbólica e a arquitetura cavernosa do mitraeu contribuíam para a eficácia dos rituais, intensificando a experiência religiosa e facilitando a transformação interior dos iniciados.

O mitraeu, em sua totalidade, pode ser compreendido como um microcosmo, uma representação em escala reduzida do universo ordenado, tal como era concebido na cosmologia mitraica. A forma cavernosa, evocando o ventre da terra e o local de nascimento de Mitra, simbolizava a origem primordial do cosmos. A decoração zodiacal e planetária, frequentemente presente nos mitraeus, representava a ordem celeste e as influências cósmicas que governam o mundo. A representação central da Tauroctonia, no santuário, evocava o ato primordial de criação e sacrifício que deu origem ao universo ordenado.

Ao entrarem no mitraeu e participarem dos rituais, os iniciados eram, portanto, simbolicamente imersos no cosmos mitraico, transportados para um espaço sagrado onde podiam experimentar a presença divina, conectar-se com os mitos fundacionais do culto e vivenciar a sua própria jornada espiritual como uma micro-reprodução da jornada cósmica de Mitra. O mitraeu não era apenas um local de culto, mas sim um portal para o mundo divino, um espaço liminar onde o profano e o sagrado se encontravam, e onde a transformação espiritual se tornava possível.

Em suma, o mitraeu, enquanto caverna sagrada e espaço ritual central do Mitraísmo, era muito mais do que um simples edifício. Era um espaço arquitetónico e simbólico complexo, cuidadosamente concebido para evocar uma atmosfera misteriosa e transcendental, transportar os iniciados para o mundo mítico de Mitra e facilitar a sua jornada espiritual. A arquitetura cavernosa, a decoração simbólica, a iluminação artificial e a organização do espaço interior convergiam para criar um microcosmo do universo mitraico, um espaço sagrado onde os rituais ganhavam vida e a experiência religiosa atingia a sua máxima intensidade.

Capítulo 14
Iniciação e os Graus Mitraicos

No coração pulsante do Mitraísmo, para além dos mitraeus subterrâneos e dos mitos enigmáticos, residia um sistema iniciático complexo e estruturado, que definia a experiência religiosa dos seus adeptos: a iniciação e os graus mitraicos. O Mitraísmo era, por excelência, uma religião de mistério, e a iniciação constituía a porta de entrada para o conhecimento esotérico e para a participação plena na vida da comunidade mitraica. A jornada através dos sete graus hierárquicos, do *Corax* ao *Pater*, representava um percurso espiritual gradual e progressivo, uma escalada simbólica rumo à iluminação e à união com o divino. Compreender o sistema de iniciação e os graus mitraicos é fundamental para desvendarmos a dinâmica interna do culto, a experiência religiosa dos seus membros e a promessa de transformação que ele oferecia.

A natureza iniciática do Mitraísmo é um dos seus traços mais distintivos, contrastando com as religiões cívicas romanas, de caráter público e aberto a todos os cidadãos. O acesso aos mistérios mitraicos não era automático, mas sim condicionado a um processo de iniciação ritual, que envolvia ritos de passagem, juramentos de segredo e a progressão através de diferentes níveis de conhecimento e participação. Esta estrutura iniciática conferia ao Mitraísmo um caráter exclusivo e seletivo, atraindo aqueles que buscavam uma experiência religiosa mais profunda, pessoal e transformadora, reservada apenas a um grupo escolhido.

O segredo era um elemento central da iniciação mitraica. Os rituais, os ensinamentos e os mistérios do culto eram mantidos em estrito segredo, revelados apenas aos iniciados e zelosamente guardados dos não-iniciados. Os juramentos de segredo, proferidos durante as cerimônias de iniciação, vinculavam os membros a uma obrigação de discrição absoluta, sob pena de severas sanções divinas e comunitárias. Este segredo, longe de ser um mero artifício para gerar mistério, era visto como essencial para preservar a pureza e a eficácia dos ritos, bem como para proteger a comunidade mitraica de olhares externos hostis.

A iniciação nos mistérios mitraicos era um processo gradual e hierárquico, organizado em sete graus distintos, cada um com um nome específico, um simbolismo próprio e ritos de passagem associados. Estes graus, em ordem ascendente, eram: Corax (Corvo), Nymphus (Ninfa), Miles (Soldado), Leo (Leão), Perses (Persa), Heliodromus (Corredor do Sol) e Pater (Pai). A progressão através dos graus não era automática, mas sim dependente da avaliação dos superiores, do tempo de serviço e, possivelmente, de testes e provações que o iniciado deveria superar. A hierarquia dos graus refletia uma estrutura social e espiritual dentro da comunidade mitraica, com cada grau conferindo diferentes níveis de conhecimento, responsabilidades e prestígio.

Cada grau mitraico era associado a um conjunto de símbolos, atributos e responsabilidades específicas, que refletiam o estágio da jornada espiritual do iniciado e o seu papel dentro da comunidade. Embora a informação detalhada sobre os rituais e ensinamentos de cada grau seja escassa devido ao segredo do culto, podemos inferir alguns elementos a partir da iconografia, das referências textuais indiretas e de comparações com outros cultos mistéricos.

Corax (Corvo): O primeiro grau, associado ao planeta Saturno e ao deus Mercúrio. O corvo, como mensageiro e intermediário entre os mundos, simbolizava o iniciado como um servidor da comunidade, responsável por tarefas mundanas e preparatórias. O corvo era associado ao elemento ar e à cor preta. Iniciados neste grau podem ter desempenhado funções de mensageiros, auxiliares rituais ou zeladores do mitraeu.

Nymphus (Ninfa): O segundo grau, associado ao planeta Vênus e à deusa Lua. A ninfa, figura da natureza e da água, simbolizava a purificação, a nutrição e a fertilidade. O *Nymphus* era associado ao elemento água e à cor azul. Iniciados neste grau podem ter participado de ritos de purificação com água e de refeições rituais, desempenhando um papel de servidores nas cerimônias.

Miles (Soldado): O terceiro grau, associado ao planeta Júpiter e ao deus Marte. O soldado, como representante da força, da coragem e da disciplina, simbolizava a iniciação na vida espiritual ativa, o combate contra as forças das trevas e o compromisso com os valores mitraicos. O *Miles* era associado ao elemento terra e à cor vermelha. A iniciação neste grau envolvia um rito de "recrutamento" militar, com a marcação do iniciado com um ferro em brasa (cautério) na testa e a oferta de uma coroa, que o iniciado deveria recusar, afirmando que Mitra era a sua única coroa. O *Miles* era o soldado de Mitra, comprometido com a luta espiritual e com a defesa da comunidade.

Leo (Leão): O quarto grau, associado ao planeta Marte e ao deus Sol. O leão, animal solar e símbolo de força, poder e realeza, representava um nível mais elevado de iniciação, associado à energia solar, ao fogo sagrado e à identificação com a força divina. O *Leo* era associado ao elemento fogo e à cor dourada. Rituais envolvendo fogo e purificação pelo fogo podem ter caracterizado este grau. Iniciados *Leo* podiam ter um papel mais ativo nos rituais e cerimônias, talvez como leitores de textos rituais ou assistentes do *Pater* em certos ritos.

Perses (Persa): O quinto grau, associado ao planeta Lua e à deusa Perséfone (ou Cibele). O "Persa" evocava as origens orientais do culto e a sabedoria ancestral das tradições persas. Este grau pode ter sido associado ao conhecimento dos mitos e cosmologia mitraica, à compreensão dos mistérios do culto e à transmissão da tradição. O *Perses* podia ser associado a uma cor variável e a elementos múltiplos. Iniciados *Perses* podiam ter um papel de instrutores e catequistas, transmitindo os ensinamentos mitraicos aos graus inferiores.

Heliodromus (Corredor do Sol): O sexto grau, associado ao planeta Vênus e ao deus Sol. O "Corredor do Sol" evocava a jornada do Sol através do céu, o ciclo diário da luz e a ligação íntima com a divindade solar Sol Invictus. Este grau representava um nível ainda mais elevado de iniciação solar, talvez associado à experiência mística da união com o Sol e à contemplação da luz divina. O *Heliodromus* podia ser associado à cor branca e ao elemento éter. Iniciados *Heliodromus* podiam ter funções litúrgicas mais elevadas, talvez presidindo a certos ritos ou atuando como intermediários entre a comunidade e a divindade solar.

Pater (Pai): O grau mais elevado da hierarquia mitraica, associado ao planeta Saturno e ao deus Saturno (ou Júpiter-Saturno). O "Pater" era o líder da comunidade mitraica local, o sacerdote responsável pela condução dos rituais, pela iniciação de novos membros e pela transmissão da tradição. O *Pater* representava a autoridade espiritual máxima dentro do mitraeu, e era visto como o representante de Mitra na comunidade terrena. O *Pater* podia ser associado a uma cor púrpura ou violeta, cores da realeza e da autoridade. O *Pater* era o guardião dos mistérios mitraicos, o guia espiritual da comunidade e o garante da continuidade do culto.

A jornada através dos graus mitraicos pode ser interpretada em múltiplos níveis. Em um nível simbólico e espiritual, representa uma progressão gradual rumo à iluminação, à purificação da alma e à união com o divino. Cada grau representa um estágio de desenvolvimento espiritual, com desafios a serem superados e virtudes a serem cultivadas. Em um nível social e comunitário, a hierarquia dos graus refletia a organização interna da comunidade mitraica, com diferentes níveis de responsabilidade e participação. Em um nível cosmológico, a jornada através dos graus pode ser vista como uma representação da ascensão da alma através das esferas planetárias, rumo ao reino celeste.

A iniciação mitraica, com seus ritos secretos e graus hierárquicos, oferecia aos seus adeptos uma estrutura religiosa sólida e um caminho espiritual bem definido. A jornada do iniciado, do *Corax* ao *Pater*, representava um percurso de transformação pessoal e de busca pela transcendência, proporcionando um sentido de propósito, pertencimento e esperança em um mundo complexo e incerto.

Capítulo 15
Rituais Secretos

No âmago do Mitraísmo, residia um núcleo de práticas rituais envoltas em segredo e mistério, que constituíam a essência da experiência religiosa para os iniciados. O Mitraísmo, enquanto religião de mistérios, prosperava precisamente no véu do oculto, na promessa de um conhecimento esotérico reservado apenas àqueles que passassem pelos ritos de iniciação e jurassem manter o silêncio. Estes rituais secretos, realizados no interior escuro e cavernoso dos mitraeus, eram o coração pulsante do culto, o palco onde os mitos mitraicos ganhavam vida, onde os iniciados se conectavam com o divino e onde a transformação espiritual se tornava possível. Desvendar, mesmo que parcialmente, os mistérios destes rituais secretos é um desafio complexo, dada a natureza intencionalmente sigilosa do culto, mas a exploração das pistas arqueológicas, iconográficas e textuais indiretas pode lançar alguma luz sobre as práticas rituais que moldavam a experiência mitraica.

A natureza secreta dos rituais mitraicos era um traço definidor do culto, partilhado com outras religiões de mistério do mundo greco-romano. O segredo não era meramente uma característica acidental, mas sim um elemento intrínseco e funcional da experiência religiosa mitraica. O sigilo servia múltiplos propósitos: proteger o culto de perseguições externas ou de profanações, garantir a exclusividade e o valor do conhecimento esotérico, intensificar a experiência mística e o senso de pertencimento entre os iniciados, e preservar a pureza e a eficácia dos ritos. Os juramentos de segredo, proferidos durante as iniciações, vinculavam os membros a uma lei de silêncio rigorosa, sob pena de punições divinas e comunitárias, o que explica a notável escassez de descrições diretas dos rituais mitraicos em fontes textuais.

Apesar do véu de segredo, podemos inferir a existência de diferentes tipos de rituais no Mitraísmo, com base nas evidências arqueológicas e nas referências esparsas. As categorias rituais mais prováveis incluem:

Rituais de Iniciação: Estes rituais constituíam o cerne do sistema iniciático mitraico, marcando a passagem dos candidatos através dos sete graus hierárquicos. Os ritos de iniciação eram ritos de passagem complexos, envolvendo uma série de provas, juramentos, símbolos e ações rituais destinados a transformar o iniciado, a integrá-lo à comunidade mitraica e a conferir-lhe o conhecimento e os privilégios associados a cada grau. As iniciações podem ter incluído rituais de purificação, como abluções com água ou purificação com fogo, provas de coragem e resistência, encenação de mitos mitraicos (possivelmente dramatizações da Tauroctonia ou do nascimento de Mitra), rituais de comunhão (refeições rituais) e a revelação de ensinamentos esotéricos e símbolos secretos. Os juramentos de segredo, proferidos em cada iniciação, selavam o compromisso do iniciado com a comunidade e com a proteção dos mistérios mitraicos. A passagem por cada grau pode ter sido interpretada simbolicamente como uma morte ritual para o antigo estado e um renascimento para um novo nível de existência espiritual e comunitária.

Banquetes Sagrados (Refeições Rituais): As refeições rituais, ou banquetes sagrados, eram uma prática central no Mitraísmo, realizadas regularmente nos mitraeus e representadas iconograficamente em algumas cenas. Estes banquetes não eram meras refeições profanas, mas sim atos rituais de comunhão e fraternidade, realizados em um contexto sagrado e com um significado religioso profundo. As refeições rituais mitraicas podem ter envolvido o consumo de alimentos e bebidas simbólicos, possivelmente pão e vinho (ou água com mel, como sugerem algumas evidências), partilhados comunitariamente entre os iniciados. Estes banquetes podem ter reforçado os laços sociais entre os membros da comunidade mitraica, promovido um senso de união e solidariedade fraternal, e estabelecido uma comunhão simbólica com a divindade, possivelmente com Mitra e/ou Sol Invictus. A atmosfera dos banquetes sagrados pode ter sido de celebração, convívio e partilha, criando um espaço sagrado de comunhão espiritual e social.

Outros Rituais Possíveis: Para além das iniciações e banquetes sagrados, é provável que o Mitraísmo incluísse outros tipos de rituais, embora a evidência seja ainda mais fragmentária e especulativa. Podem ter existido rituais diários ou semanais realizados nos mitraeus, como orações, hinos, oferendas e ritos de purificação, destinados a manter viva a chama da devoção mitraica, a fortalecer a ligação com a divindade e a renovar o compromisso com os valores do culto. Ritos de passagem para marcar eventos importantes na vida dos iniciados, como nascimentos, casamentos ou funerais, também são possíveis, embora a evidência seja escassa. A natureza precisa destes rituais e a sua frequência permanecem em grande parte desconhecidas, devido ao véu de segredo que envolve o Mitraísmo.

As ações rituais realizadas nos mitraeus eram carregadas de simbolismo religioso, transmitindo mensagens teológicas, cosmológicas e éticas aos iniciados através da linguagem do corpo, dos gestos e dos objetos rituais. Entre as ações rituais mais comuns, podemos mencionar:

Ritos de Purificação: A água e o fogo eram elementos rituais importantes no Mitraísmo, frequentemente utilizados em ritos de purificação. A ablução com água, ou a passagem por chamas (ou representações simbólicas do fogo), podiam ter sido realizadas para limpar o iniciado de impurezas espirituais, prepará-lo para os ritos sagrados e simbolizar a purificação da alma no caminho da iniciação. A água, como elemento de limpeza e renovação, e o fogo, como agente de transformação e purificação, eram símbolos poderosos de renovação espiritual no contexto mitraico.

Comunhão: As refeições rituais eram, em si mesmas, atos de comunhão, mas o conceito de comunhão pode ter se estendido a outras práticas rituais.

A partilha de pão e vinho (ou água com mel) podia simbolizar a comunhão com a divindade, a incorporação de qualidades divinas ou a união mística com Mitra ou Sol Invictus. A comunhão, em um sentido mais amplo, podia referir-se à partilha da experiência religiosa e da identidade comunitária entre os iniciados, fortalecendo os laços fraternais e o senso de pertencimento ao grupo.

Dramas Rituais (Encenações Míticas): Embora a evidência seja indireta e especulativa, é possível que os rituais mitraicos tenham incluído dramas rituais ou encenações dos mitos mitraicos, especialmente do mito da Tauroctonia e do nascimento de Mitra. A dramatização dos mitos podia ter intensificado a experiência religiosa dos iniciados, tornando os mitos mais vívidos e emocionalmente impactantes, permitindo que os participantes se identificassem com as figuras míticas e vivenciassem simbolicamente os eventos da história sagrada. Estes dramas rituais podiam envolver representações teatrais, música, cânticos e ações simbólicas, criando uma experiência sensorial e emocional intensa.

Ações Simbólicas e Objetos Rituais: Os rituais mitraicos certamente envolviam uma série de ações simbólicas, como gestos, posturas, movimentos rituais, e o uso de objetos rituais carregados de significado. Tochas, representando a luz divina e o caminho da iluminação; facas ou espadas, evocando o sacrifício da Tauroctonia e a força de Mitra; cálices e *paterae* (taças rasas), utilizados nos banquetes sagrados; e outros objetos rituais podiam ter sido utilizados para conferir um significado simbólico e ritualístico às ações realizadas, enriquecendo a experiência religiosa e comunicando mensagens teológicas e cosmológicas de forma não-verbal.

O objetivo final dos rituais secretos mitraicos era proporcionar aos iniciados uma experiência religiosa transformadora, que os conectasse com o divino, os integrasse à comunidade mitraica e os conduzisse no caminho da salvação. Os rituais visavam despertar estados alterados de consciência, induzir um senso de presença divina, promover a purificação espiritual, reforçar as crenças e valores mitraicos, fortalecer os laços comunitários e oferecer a promessa de uma vida após a morte mais auspiciosa. A experiência ritual mitraica era, em essência, uma jornada de transformação pessoal e de busca pela transcendência, realizada no ambiente misterioso e sagrado do mitraeu.

É fundamental reconhecer as limitações do nosso conhecimento sobre os rituais secretos mitraicos. Devido à natureza intencionalmente secreta do culto e à escassez de fontes textuais diretas, a reconstrução precisa dos rituais mitraicos permanece um desafio considerável. Dependemos em grande medida da evidência arqueológica, como a arquitetura e a decoração dos mitraeus, os objetos rituais encontrados e as representações iconográficas, e de referências indiretas em autores antigos, muitas vezes hostis ao Mitraísmo (como os autores cristãos). A interpretação destas evidências é, em grande parte, especulativa e conjectural, e muitas perguntas sobre os rituais mitraicos permanecem sem resposta definitiva.

Apesar das limitações, a exploração dos rituais secretos mitraicos oferece um vislumbre fascinante da experiência religiosa dos adeptos do culto de Mitra. Os rituais, com sua atmosfera misteriosa, ações simbólicas e promessa de transformação, constituíam o coração da prática mitraica, moldando a identidade religiosa dos iniciados e oferecendo-lhes um caminho espiritual alternativo no mundo romano.

Capítulo 16
Comunhão e Fraternidade

No intrincado labirinto de rituais secretos que compunham o Mitraísmo, as refeições rituais e banquetes mitraicos ocupavam um lugar de destaque, transcendendo a mera função de sustento físico para se elevarem a atos sagrados de comunhão e fraternidade. Estas celebrações, realizadas na atmosfera misteriosa dos mitraeus, representavam momentos cruciais na vida da comunidade mitraica, fortalecendo os laços sociais entre os iniciados e proporcionando uma experiência palpável de pertencimento a um grupo seleto, unido por crenças e práticas em comum. Para além do aspecto social, as refeições rituais mitraicas carregavam um profundo simbolismo religioso, evocando a partilha, a abundância e a união com o divino, elementos centrais na teologia e na soteriologia do culto. Explorar o significado destes banquetes, os alimentos e bebidas consumidos e a atmosfera que os envolvia é essencial para compreendermos a dimensão comunitária e experiencial do Mitraísmo.

As refeições rituais mitraicas, frequentemente referidas como banquetes sagrados, não eram eventos ocasionais ou periféricos, mas sim práticas regulares e centrais na vida dos mitraeus. A frequência exata destes banquetes é incerta, mas a evidência arqueológica, nomeadamente a presença recorrente de espaços para refeições e utensílios de cozinha nos mitraeus, sugere que ocorriam com relativa regularidade, possivelmente em intervalos mensais ou em datas festivas específicas do calendário mitraico, se é que tal calendário existia de forma formalizada. Estes encontros rituais proporcionavam aos iniciados a oportunidade de se reunirem em um contexto sagrado, partilhando não apenas alimento, mas também a sua fé e a sua identidade mitraica.

O ambiente cavernoso do mitraeu intensificava a atmosfera destes banquetes sagrados. A luz bruxuleante de lamparinas e tochas, projetando sombras nas paredes decoradas com cenas míticas, criava um espaço isolado do mundo exterior, imerso em mistério e reverência. O próprio ato de partilhar alimento em um espaço subterrâneo, ecoando talvez ritos ctónicos ancestrais, conferia aos banquetes uma dimensão primordial e transcendente, distanciando-os das refeições profanas do quotidiano. O mitraeu, transformado em refeitório sagrado, tornava-se um local de encontro privilegiado entre os iniciados e, simbolicamente, com as divindades mitraicas.

O significado primordial dos banquetes mitraicos era a comunhão. A palavra "comunhão" aqui assume múltiplos sentidos. Em primeiro lugar, comunhão com a comunidade. As refeições rituais congregavam os membros da irmandade mitraica, fortalecendo os laços fraternais e o senso de pertencimento a um grupo coeso e unido por valores e crenças em comum. A partilha do alimento, ato fundamental da sociabilidade humana, criava e reforçava os vínculos sociais, consolidando a identidade coletiva mitraica. Nestes banquetes, as distinções sociais profanas eram provavelmente atenuadas, senão mesmo suspensas, em favor da igualdade perante os mistérios de Mitra e da fraternidade entre os iniciados. Soldados, comerciantes, funcionários públicos – homens de diferentes origens e estratos sociais – reuniam-se em pé de igualdade no mitraeu, unidos pela fé e pela participação nos mistérios.

Em segundo lugar, a comunhão com o divino. Embora a natureza precisa da teologia mitraica em relação à divindade nos banquetes seja debatida, é plausível que estas refeições rituais fossem interpretadas como uma forma de comunhão simbólica com Mitra e/ou Sol Invictus. A partilha do alimento sagrado, realizado em um espaço consagrado e com fórmulas rituais específicas (embora desconhecidas para nós), poderia ser vista como uma participação na essência divina, uma aproximação simbólica à esfera celestial. Alguns estudiosos sugerem que o próprio alimento e bebida consumidos nos banquetes poderiam ser vistos como representações ou manifestações simbólicas da divindade, conferindo aos participantes uma parte do poder e da bênção divinas.

A fraternidade, intrinsecamente ligada à comunhão, era outro elemento central dos banquetes mitraicos. O Mitraísmo, especialmente na sua vertente militar, valorizava a camaraderie, a lealdade e o apoio mútuo entre os seus membros. Os banquetes sagrados ofereciam um contexto ritualizado para a expressão e o reforço destes valores fraternais. A partilha do alimento, o convívio em um ambiente sagrado, e a participação conjunta nos ritos criavam um laço de irmandade entre os iniciados, transcendendo os laços familiares e sociais profanos. Esta fraternidade mitraica, forjada nos mistérios e nos rituais compartilhados, poderia ter sido particularmente significativa para os soldados, que encontravam no mitraeu uma extensão da camaradagem militar, um espaço de convívio e apoio mútuo em um ambiente religioso.

Quanto aos alimentos e bebidas consumidos nos banquetes mitraicos, a evidência arqueológica e iconográfica, embora fragmentária, oferece algumas pistas. A representação iconográfica mais frequente de um banquete mitraico mostra Mitra e Sol Invictus reclinados em um *kline* (sofá de banquete), partilhando uma refeição. Esta cena, frequentemente associada ao mito do pacto entre Mitra e o Sol, sugere um modelo divino para os banquetes mitraicos, com as divindades celestiais a presidir o ritual e a partilhar uma refeição sagrada.

Os alimentos concretos consumidos nos banquetes mitraicos provavelmente variavam de acordo com a região, a época do ano e os recursos disponíveis em cada mitraeu. No entanto, algumas constantes parecem emergir da evidência arqueológica e iconográfica. O pão era certamente um alimento fundamental, presente em praticamente todas as culturas do mundo romano e de fácil acesso. Fragmentos de pão foram encontrados em alguns mitraeus, e a sua importância simbólica como alimento básico e como representação do corpo (em outras religiões da época) tornam a sua presença nos banquetes mitraicos altamente provável.

O vinho também era uma bebida ritualmente significativa no mundo romano, e a sua presença nos banquetes mitraicos é igualmente provável, embora menos diretamente comprovada pela arqueologia. O vinho, associado ao sangue, à alegria e à euforia, poderia ter desempenhado um papel simbólico nos banquetes mitraicos, talvez representando o sangue do touro sacrificado ou a alegria da comunhão com o divino. Em algumas representações iconográficas de banquetes mitraicos, o que parece ser um cálice ou uma taça é apresentado entre Mitra e o Sol, sugerindo o consumo de uma bebida ritual, que poderia ser vinho ou alguma outra bebida fermentada.

Para além do pão e vinho, outros alimentos poderiam ter sido consumidos nos banquetes mitraicos, complementando a refeição e enriquecendo a experiência sensorial. A carne, embora não haja evidência direta do consumo de carne de touro (o que seria improvável dado o respeito pelo animal), poderia ter sido consumida em outras formas, como carne de aves ou pequenos animais, dependendo da disponibilidade e das práticas locais. Frutas, vegetais, queijos e mel também poderiam ter feito parte do menu dos banquetes mitraicos, complementando a refeição e oferecendo uma variedade de sabores e texturas.

É importante notar que os banquetes mitraicos não eram orgias ou festas profanas, mas sim rituais religiosos sérios e reverentes. A atmosfera esperada era de contemplação, fraternidade e devoção, e não de excessos ou licenciosidade. O auto-controle e a disciplina, virtudes mitraicas fundamentais, certamente se aplicavam também aos banquetes sagrados, que visavam fortalecer a comunidade e aprofundar a experiência espiritual, e não a mera busca por prazeres mundanos. A moderação no consumo de alimentos e bebidas era provavelmente valorizada, em linha com a ética ascética que permeava, em certa medida, o Mitraísmo.

Os utensílios rituais utilizados nos banquetes mitraicos, como cálices, *paterae* (taças rasas), pratos e jarras, encontrados em alguns mitraeus, reforçam a natureza ritualizada destas refeições. Estes objetos, frequentemente decorados com símbolos mitraicos ou com formas específicas, não eram utensílios domésticos comuns, mas sim instrumentos sagrados, destinados exclusivamente ao uso nos rituais do culto. A materialidade destes objetos rituais contribuía para a sacralização do espaço do mitraeu e para a experiência sensorial e estética dos banquetes sagrados.

Em suma, as refeições rituais e banquetes mitraicos representavam momentos cruciais na vida da comunidade mitraica, transcendendo a mera função de sustento físico para se elevarem a atos sagrados de comunhão e fraternidade. Realizados na atmosfera misteriosa dos mitraeus, estes banquetes fortaleciam os laços sociais entre os iniciados, promoviam um senso de pertencimento a um grupo coeso, e ofereciam uma comunhão simbólica com o divino. Os alimentos e bebidas consumidos, como pão e vinho, carregados de simbolismo, e a reverência e disciplina que caracterizavam estes eventos, demonstram a importância central dos banquetes mitraicos na experiência religiosa e comunitária do culto de Mitra.

Capítulo 17
Expressões da Devoção

Para além dos rituais secretos, dos banquetes sagrados e do simbolismo enigmático, a experiência religiosa do Mitraísmo certamente incluía expressões verbais e performativas de devoção, destinadas a invocar as divindades, louvar os seus feitos e facilitar a comunicação entre o mundo humano e o divino. Embora o Mitraísmo, enquanto religião de mistério, tenha deixado escassas fontes textuais diretas que revelem os detalhes da sua liturgia, podemos inferir a existência de hinos, orações e outras formas de expressão litúrgica a partir de evidências indiretas, comparações com cultos contemporâneos e a própria natureza da experiência religiosa humana, que frequentemente se manifesta através da palavra e do canto. Explorar a possível liturgia mitraica, mesmo que de forma hipotética e conjectural, é fundamental para compreendermos a dimensão emocional, estética e performativa do culto de Mitra e a forma como os iniciados expressavam a sua fé e devoção.

A ausência de textos litúrgicos mitraicos diretos é um dos grandes desafios para a reconstrução da liturgia do culto. Ao contrário de outras religiões da antiguidade, como o Cristianismo ou os cultos egípcios, o Mitraísmo não nos legou coleções de hinos, livros de orações ou manuais litúrgicos que descrevam em detalhe as suas práticas verbais. Esta ausência de fontes primárias textuais pode ser atribuída à natureza secreta do culto, que primava pela transmissão oral dos seus mistérios e pela discrição em relação aos não-iniciados. O segredo, como já vimos, era um valor central do Mitraísmo, e a liturgia, como parte integrante dos mistérios, era certamente guardada com zelo e transmitida apenas dentro da comunidade iniciática, sem registo escrito para o mundo exterior.

Apesar da falta de textos litúrgicos diretos, a evidência indireta sugere fortemente a existência de expressões verbais e performativas de devoção no Mitraísmo. Em primeiro lugar, a iconografia mitraica oferece algumas pistas. Em certas representações, figuras mitraicas, incluindo *Pater* e iniciados de graus superiores, são mostrados em atitude de oração, com as mãos erguidas em gesto de súplica ou adoração. Estes gestos iconográficos sugerem que a oração pessoal e coletiva fazia parte da prática religiosa mitraica, mesmo que as palavras exatas dessas orações permaneçam desconhecidas.

Em segundo lugar, as inscrições votivas encontradas em mitraeus, embora breves e fórmulas, revelam a devoção pessoal dos iniciados e a sua relação direta com as divindades. Inscrições dedicatórias a Mitra, Sol Invictus e outras divindades mitraicas, expressando agradecimento por graças alcançadas ou súplicas por proteção e bem-estar, demonstram que os iniciados comunicavam-se com o divino através da palavra escrita, mesmo que em contextos privados e informais. Estas inscrições podem ser interpretadas como resquícios de orações mais elaboradas e ritos litúrgicos verbais que acompanhavam as oferendas votivas.

Em terceiro lugar, a comparação com outros cultos de mistério contemporâneos reforça a probabilidade da existência de liturgia no Mitraísmo. Outras religiões mistéricas, como os cultos de Ísis, Cibele e Dionísio, possuíam rituais elaborados que envolviam hinos, orações, invocações e cânticos. É plausível que o Mitraísmo, inserido no mesmo contexto religioso e cultural, tenha desenvolvido formas litúrgicas semelhantes, adaptadas à sua teologia e aos seus ritos específicos. A própria natureza da experiência religiosa, em geral, tende a expressar-se através da palavra e do canto, como formas de comunicação com o transcendente e de expressão emocional da fé.

Em quarto lugar, autores cristãos polemistas, embora hostis ao Mitraísmo, por vezes descrevem ou aludem a práticas mitraicas que sugerem a existência de liturgia. Embora estas descrições devam ser interpretadas com cautela, dada a intenção polemicista dos autores cristãos, elas podem conter resquícios de observações reais sobre os rituais mitraicos, que podem incluir elementos litúrgicos verbais. As referências cristãs a juramentos, invocações e formas de adoração mitraica podem apontar para a existência de uma liturgia, mesmo que distorcida ou caricaturizada na perspetiva cristã.

Com base nestas evidências indiretas, podemos conjeturar sobre a possível natureza da liturgia mitraica, embora devamos sempre reconhecer o caráter especulativo destas reconstruções. É provável que a liturgia mitraica tenha incluído hinos, orações, invocações e outras formas de expressão verbal e performativa, adaptadas aos diferentes rituais e graus de iniciação.

Hinos a Mitra e Sol Invictus são altamente prováveis. Dado o lugar central destas divindades no panteão mitraico, é natural que os iniciados as louvassem e invocassem através de hinos e cânticos. Estes hinos poderiam celebrar os feitos míticos de Mitra, como a Tauroctonia e o nascimento pétreo, exaltar o poder e a glória de Sol Invictus como divindade solar suprema, e expressar a devoção e a gratidão dos iniciados pelas bênçãos divinas. Os hinos poderiam ter sido cantados em coro, por todo o grupo de iniciados, em momentos específicos dos rituais, criando uma atmosfera de exaltação religiosa e de unidade comunitária. A música, embora desconhecida para nós, certamente desempenhava um papel importante na criação da atmosfera litúrgica, acompanhando os hinos e intensificando a experiência emocional dos participantes.

Orações pessoais e coletivas também faziam provavelmente parte da liturgia mitraica. As orações poderiam ter sido proferidas em diferentes momentos, como no início ou no final dos rituais, em momentos de necessidade ou em datas festivas específicas. As orações poderiam ser de agradecimento, súplica, louvor ou confissão, expressando uma variedade de emoções e intenções religiosas. As orações coletivas, proferidas em uníssono por toda a comunidade, poderiam reforçar o senso de unidade e de partilha da fé, enquanto as orações pessoais, recitadas individualmente pelos iniciados, poderiam expressar a sua devoção pessoal e a sua relação íntima com as divindades.

Invocações a outras divindades do panteão mitraico são igualmente plausíveis. Para além de Mitra e Sol Invictus, outras divindades, como Cautes e Cautopates, a Lua e o Oceano, desempenhavam papéis importantes na cosmologia e na mitologia mitraica. É provável que invocações específicas fossem dirigidas a estas divindades em rituais particulares ou em momentos específicos do ano, buscando a sua proteção, bênção ou auxílio em diferentes esferas da vida. As invocações poderiam ser proferidas por sacerdotes (como o *Pater*) ou por iniciados de graus superiores, em nome de toda a comunidade, criando uma ligação simbólica entre o mundo humano e o panteão divino.

Para além das expressões verbais, a liturgia mitraica poderia ter incluído gestos rituais com significado devocional. A adoração de joelhos, a prostração, a elevação das mãos ao céu e outros gestos corporais poderiam ter acompanhado as orações e os hinos, intensificando a expressão da devoção e criando uma linguagem corporal ritualizada. Os movimentos em procissão dentro do mitraeu, em torno do relevo da Tauroctonia ou de outros pontos focais do espaço ritual, também poderiam ter feito parte da liturgia, criando um movimento ritual coletivo e reforçando o senso de unidade comunitária.

O contexto litúrgico para estas expressões de devoção poderia variar. As iniciações nos diferentes graus certamente envolviam ritos litúrgicos específicos, adaptados ao simbolismo de cada grau e à jornada iniciática do candidato. Os banquetes sagrados poderiam ter incluído hinos e orações antes, durante ou após a refeição ritual, sacralizando o ato de partilhar o alimento e promovendo a comunhão espiritual. Rituais diários ou semanais, realizados regularmente nos mitraeus, poderiam ter incluído uma liturgia mais fixa e repetitiva, como orações matinais e vespertinas, ou cânticos rituais para marcar os ciclos do tempo e a presença divina. Festivais ou datas comemorativas especiais do calendário mitraico, se existissem, poderiam ter sido celebradas com liturgias mais solenes e elaboradas, atraindo um número maior de iniciados e reforçando a identidade comunitária do culto.

A língua da liturgia mitraica é outra questão em aberto. Dado o caráter internacional do Mitraísmo e a diversidade linguística do Império Romano, é provável que a liturgia tenha sido realizada em Latim, a língua franca do Império e a língua dos militares romanos, que constituíam um segmento importante dos adeptos do culto. No entanto, em regiões de influência grega, o Grego poderia também ter sido utilizado, ou talvez uma combinação de Latim e Grego. A possibilidade de línguas vernáculas serem utilizadas em contextos locais ou em comunidades específicas não pode ser totalmente descartada, embora o Latim e o Grego provavelmente tenham predominado como línguas litúrgicas principais do Mitraísmo.

Em suma, a liturgia mitraica, embora envolta em mistério e ausente de fontes textuais diretas, é um elemento fundamental para compreendermos a experiência religiosa do culto de Mitra. A inferência da existência de hinos, orações, invocações e gestos rituais, baseada em evidências indiretas e na comparação com cultos contemporâneos, permite-nos vislumbrar a dimensão devocional e performativa do Mitraísmo. Esta liturgia, realizada nos mitraeus escuros e misteriosos, proporcionava aos iniciados meios de expressar a sua fé, de comunicar com o divino, de fortalecer os laços comunitários e de vivenciar uma experiência religiosa intensa e transformadora.

Capítulo 18
Linguagem Visual do Culto

No vasto e multifacetado universo do Mitraísmo, a arte e a iconografia emergem como um dos pilares fundamentais para a compreensão do culto, transcendendo a mera função decorativa para se constituírem como uma poderosa linguagem visual. Em um culto de mistérios, onde o segredo e a iniciação eram primordiais, a imagem assumia um papel comunicativo essencial, transmitindo narrativas míticas, princípios teológicos, valores éticos e mensagens esotéricas de forma eloquente e multifacetada, mesmo para além das palavras. A arte mitraica, omnipresente nos mitraeus, desde os imponentes relevos da Tauroctonia até às pinturas murais e esculturas votivas, não era apenas um ornamento, mas sim um veículo de comunicação religiosa, uma linguagem visual cifrada que se dirigia diretamente aos sentidos e à alma dos iniciados, moldando a sua experiência religiosa e aprofundando a sua compreensão dos mistérios de Mitra. Analisar a iconografia mitraica, desvendar o seu simbolismo intrínseco e compreender a sua função comunicativa é, portanto, crucial para penetrarmos no cerne do culto de Mitra e para desvendarmos a linguagem visual que ecoava nas cavernas sagradas do Império Romano.

A centralidade da imagem no Mitraísmo é evidente na omnipresença da arte nos mitraeus. Diferentemente de outros cultos da antiguidade que se concentravam primariamente em textos escritos ou em ritos performativos, o Mitraísmo privilegiou a expressão visual como meio primordial de comunicação religiosa. Os mitraeus, em sua maioria, eram ricamente decorados com cenas míticas, figuras divinas, símbolos cósmicos e representações alegóricas, transformando o espaço ritual em uma verdadeira galeria de arte sacra. Esta primazia da imagem pode ser explicada pela natureza iniciática do culto e pela necessidade de comunicar ensinamentos complexos e esotéricos de forma não-verbal e sugestiva, apelando à intuição e à contemplação dos iniciados. A imagem, em sua ambiguidade e riqueza simbólica, permitia transmitir mensagens em múltiplos níveis de compreensão, adaptando-se à progressão iniciática dos adeptos e reservando os significados mais profundos para os graus superiores.

A Tauroctonia, a cena central de Mitra matando o touro, domina a iconografia mitraica, sendo a representação mais frequente e emblemática encontrada nos mitraeus por todo o Império Romano. O relevo da Tauroctonia, geralmente posicionado no santuário do mitraeu, acima do altar ou nicho principal, impunha-se como o foco visual primordial do espaço ritual, atraindo o olhar e a atenção dos iniciados e servindo como imagem síntese do mito, da teologia e da soteriologia mitraica. A complexidade da cena da Tauroctonia, com a multiplicidade de figuras, símbolos e detalhes, convidava à contemplação demorada e à interpretação multivocal, oferecendo um rico campo de meditação para os iniciados e transmitindo, através da linguagem visual, as mensagens centrais do culto.

Para além da Tauroctonia, a arte mitraica abrange um vasto repertório de imagens e símbolos, que enriquecem a linguagem visual do culto e complementam a mensagem da cena central. Cenas do nascimento de Mitra a partir da rocha (*petrogenesis*), os feitos heroicos de Mitra, o pacto com o Sol, a ascensão ao céu, e banquetes sagrados entre Mitra e Sol Invictus são frequentemente representados, narrando o ciclo de vida mítico de Mitra e expandindo a compreensão da sua divindade. Divindades auxiliares, como Cautes e Cautopates, Sol Invictus, a Lua, e o Oceano, também são frequentemente personificadas em cenas mitraicas, demonstrando a complexidade do panteão e a hierarquia divina do culto. Símbolos cósmicos, como os signos do zodíaco, os planetas, as constelações, os ventos e os elementos, povoam a iconografia mitraica, reforçando a dimensão cósmica do culto e a sua visão de mundo influenciada pela astrologia.

A linguagem visual da arte mitraica é profundamente simbólica. Cada figura, objeto, gesto, cor e disposição espacial nas representações mitraicas carrega um significado simbólico específico, que contribui para a mensagem global da imagem e para a comunicação dos mistérios do culto. Como já exploramos anteriormente, o barrete frígio, a faca curva, a tocha, o touro, o cão, a serpente, o escorpião, o corvo, o Sol, a Lua e a escada de sete degraus são apenas alguns dos símbolos mais recorrentes e significativos na iconografia mitraica, cada um com múltiplas camadas de significado e com interpretações complexas e debatidas entre os estudiosos. A decifração deste simbolismo, a compreensão da linguagem secreta da arte mitraica, é um desafio constante para os investigadores, mas também a chave para desvendarmos os mistérios do culto de Mitra.

A função da arte mitraica ia muito além da mera decoração ou ilustração de mitos. A arte mitraica era instrumental para a experiência religiosa dos iniciados, desempenhando um papel ativo na transmissão dos ensinamentos do culto, na criação da atmosfera ritualística dos mitraeus e na facilitação da transformação espiritual dos adeptos. Em primeiro lugar, a arte mitraica narrava visualmente os mitos do culto, tornando-os acessíveis e vívidos para os iniciados, mesmo para aqueles que não dominassem a leitura ou a escrita. As cenas da Tauroctonia e de outros mitos mitraicos, representadas em relevos e pinturas, contavam a história sagrada de Mitra, desde o seu nascimento até à sua ascensão, transmitindo os eventos fundacionais do culto e reforçando a identidade religiosa dos participantes.

Em segundo lugar, a arte mitraica comunicava princípios teológicos e cosmológicos de forma visual e simbólica. A cena da Tauroctonia, por exemplo, condensava a cosmologia dualista do Mitraísmo, a luta entre as forças da ordem e do caos, o sacrifício primordial que deu origem ao universo, e o papel de Mitra como salvador cósmico. A representação das esferas planetárias, dos signos do zodíaco e de outras figuras cósmicas nos mitraeus ilustrava a visão de mundo mitraica, a sua compreensão do universo ordenado e a influência dos astros sobre a vida humana. A arte mitraica, neste sentido, funcionava como um manual visual da teologia e da cosmologia do culto, oferecendo aos iniciados uma representação gráfica das suas crenças fundamentais.

Em terceiro lugar, a arte mitraica criava a atmosfera misteriosa e ritualística dos mitraeus. A decoração elaborada das cavernas sagradas, com as cenas míticas, as figuras divinas e os símbolos cósmicos, transformava o espaço do mitraeu em um microcosmo do universo mitraico, transportando os iniciados para um mundo sagrado e isolado do profano. A iluminação ténue e bruxuleante, projetando sombras nas paredes decoradas, intensificava o caráter misterioso do ambiente e contribuía para a experiência sensorial e emocional dos rituais. A arte mitraica, neste sentido, criava um ambiente imersivo que facilitava a introspecção, a contemplação e a experiência mística dos iniciados.

Em quarto lugar, a arte mitraica servia como um auxílio à meditação e à contemplação. A complexidade das imagens, a riqueza do simbolismo e a multiplicidade de níveis de significado nas representações mitraicas ofereciam um campo fértil para a meditação e a reflexão pessoal. Os iniciados podiam contemplar as cenas míticas, meditar sobre o significado dos símbolos, buscar camadas mais profundas de interpretação e aplicar os ensinamentos mitraicos à sua própria vida espiritual. A arte mitraica, neste sentido, estimulava a contemplação ativa e o envolvimento pessoal dos iniciados com os mistérios do culto, conduzindo-os a uma compreensão mais profunda da sua fé e da sua jornada espiritual.

Os materiais e técnicas artísticas utilizados na arte mitraica variavam de acordo com a região, o período e os recursos disponíveis. Os relevos em pedra, esculpidos em calcário, mármore ou outros materiais locais, eram a forma de arte mais comum e duradoura nos mitraeus, especialmente para a representação da Tauroctonia e de outras cenas míticas importantes. A pintura mural, em afresco ou têmpera, era utilizada para decorar as paredes e os tetos dos mitraeus, preenchendo os espaços com cenas narrativas, figuras simbólicas e padrões decorativos. A escultura em vulto redondo, embora menos frequente do que os relevos, era utilizada para representar figuras divinas isoladas ou grupos escultóricos, enriquecendo a decoração dos mitraeus e conferindo-lhes uma dimensão tridimensional. A utilização da cor, especialmente o azul, o vermelho, o dourado e o branco, intensificava o impacto visual da arte mitraica e reforçava o seu simbolismo cromático.

Em suma, a arte e a iconografia mitraica constituem uma linguagem visual complexa e multifacetada, essencial para a compreensão do culto de Mitra. A Tauroctonia, como imagem central, e o vasto repertório de cenas míticas, figuras divinas e símbolos cósmicos que povoam os mitraeus, transmitem narrativas, princípios teológicos e mensagens esotéricas de forma eloquente e sugestiva. A função da arte mitraica ia muito além da mera decoração, servindo como um veículo de comunicação religiosa, um auxílio à meditação e um elemento crucial na criação da atmosfera ritualística dos mitraeus. A decifração da linguagem visual da arte mitraica continua a ser um desafio para os estudiosos, mas também uma fonte inesgotável de conhecimento e fascínio, revelando a riqueza e a profundidade do culto de Mitra e a sua capacidade de comunicar os seus mistérios através da imagem e do símbolo.

Capítulo 19
Força, Sacrifício e Renovação

No intrincado e multifacetado simbolismo do Mitraísmo, a figura do touro emerge com uma proeminência e uma carga de significado singulares, ocupando um lugar central tanto na narrativa mítica quanto na iconografia do culto. O touro sacrificado na Tauroctonia, a cena nuclear do Mitraísmo, não é meramente um animal passivo no drama cósmico, mas sim um símbolo complexo e polivalente, carregado de múltiplas camadas de interpretação que reverberam através de toda a teologia e cosmologia mitraica. O simbolismo do touro no Mitraísmo evoca conceitos fundamentais como força primordial, fertilidade exuberante, sacrifício primordial, morte necessária e renovação cíclica da vida, entrelaçando-se de forma inextricável com a figura de Mitra e com a mensagem central do culto. Desvendar o simbolismo do touro, explorar as suas múltiplas facetas e compreender a sua importância na Tauroctonia é essencial para penetrarmos nos mistérios mais profundos do Mitraísmo e para apreendermos a riqueza da sua linguagem visual e mítica.

Para compreendermos plenamente o simbolismo do touro no Mitraísmo, é importante situá-lo em um contexto cultural mais amplo, considerando o significado ancestral e multifacetado que este animal robusto e imponente possuía em diversas culturas antigas e tradições religiosas. Desde o Paleolítico, o touro, com a sua força física impressionante, a sua virilidade evidente e o seu papel fundamental na agricultura e na pecuária, foi reverenciado como um símbolo de poder, fertilidade, vitalidade e abundância. Em diversas civilizações do mundo antigo, o touro foi associado a divindades celestes e terrestres, a forças primordiais da natureza e a ciclos de vida, morte e renovação, adquirindo um estatuto simbólico complexo e multifacetado que transcendeu a sua mera condição animal.

Na Mesopotâmia, o touro era associado a divindades celestes como Ishtar e Adad, representando a força criativa e a fertilidade da natureza. No Antigo Egito, o touro Ápis era venerado como uma encarnação do deus Ptah, símbolo de poder real e de renovação cíclica. Na civilização Minoica, em Creta, o touro desempenhava um papel central em rituais e cerimônias, como o famoso salto sobre o touro, representando a força bruta, a agilidade e a ligação com as forças da natureza. Na Grécia Antiga, o touro era consagrado a diversas divindades, como Zeus, Dionísio e Poseidon, simbolizando o poder divino, a virilidade e a força oceânica. No mundo romano, o touro continuou a ser associado a divindades como Júpiter e Marte, mantendo as suas conotações de poder, força militar e fecundidade.

Este legado simbólico ancestral do touro, permeado de conotações de força, fertilidade, poder e ligação com o divino, certamente influenciou a adoção e a reinterpretação do touro no contexto do Mitraísmo. Os adeptos do culto de Mitra, inseridos no mundo romano e imersos em um contexto cultural que valorizava o touro como símbolo poderoso, encontraram neste animal uma linguagem visual familiar e ressonante, capaz de comunicar mensagens complexas e profundas sobre os mistérios do seu culto.

No Mitraísmo, o touro assume um papel central e multifacetado na cena da Tauroctonia, tornando-se o protagonista passivo do sacrifício primordial e o vértice de uma rede complexa de simbolismos. Na imagem canónica da Tauroctonia, Mitra, imponente e resoluto, domina o touro, subjugando-o e apunhalando-o com uma faca curva. O touro, por sua vez, tomba sob o poder de Mitra, curvando-se em um gesto de entrega e sacrifício. Deste sacrifício, emana uma força vital primordial, representada pelo sangue que jorra da ferida e que fertiliza a terra, dando origem a novas formas de vida. O touro na Tauroctonia não é, portanto, apenas uma vítima, mas sim um agente catalisador de um processo cósmico de criação e renovação, o seu sacrifício sendo essencial para a manutenção da ordem universal e para a perpetuação do ciclo da vida.

Uma das interpretações mais evidentes do simbolismo do touro no Mitraísmo é a sua associação com a força primordial e indomável. O touro, animal de porte imponente, musculoso e com uma energia bruta palpável, representa a força vital em estado puro, a energia criativa e a potência geradora da natureza. Na Tauroctonia, Mitra subjuga e domina esta força bruta, não para a destruir, mas sim para a canalizar e direcionar para fins cósmicos, transformando a energia caótica do touro em uma força ordenada e criativa. O sacrifício do touro, neste sentido, pode ser interpretado como a domesticação da força primordial pela inteligência divina de Mitra, a imposição da ordem sobre o caos, a organização do cosmos a partir da energia bruta e informe. O touro, como símbolo de força primordial, representa o material bruto da criação, a energia vital que Mitra molda e transforma em universo ordenado.

Para além da força, o touro no Mitraísmo também está intrinsecamente ligado ao simbolismo da fertilidade e da abundância. A virilidade do touro, a sua capacidade reprodutiva e a sua associação com a pecuária e a agricultura, tornam-no um símbolo natural de fecundidade, prosperidade e fartura. Na Tauroctonia, o sangue do touro, jorrando sobre a terra, é descrito como a fonte de toda a vida vegetal e animal, fertilizando o solo e permitindo o renascimento da natureza. Do sangue do touro nascem as espigas de trigo, a videira e outras plantas benéficas para a humanidade, simbolizando a abundância dos frutos da terra, a prosperidade material e a fartura dos recursos naturais. O touro, como símbolo de fertilidade, representa a fonte da vida e da nutrição, o princípio vital que garante a continuidade da existência e a prosperidade do mundo criado.

O sacrifício é, evidentemente, um elemento central do simbolismo do touro no Mitraísmo, patente na própria cena da Tauroctonia. O touro é sacrificado por Mitra, em um ato primordial que dá origem ao cosmos e renova a vida. Este sacrifício não é um ato de crueldade ou destruição gratuita, mas sim um ato necessário e benéfico, um sacrifício criativo que permite a transformação da energia bruta do touro em vida e ordem cósmica. O sacrifício do touro pode ser interpretado como um paradigma para o sacrifício pessoal e espiritual que os iniciados mitraicos eram chamados a realizar em suas próprias vidas, renunciando aos seus desejos egoístas e paixões terrenas para se dedicarem ao caminho da luz e da salvação. O touro, como símbolo de sacrifício, representa a necessidade da renúncia e da abnegação para alcançar um bem maior, a transformação espiritual e a união com o divino.

Intimamente ligada ao sacrifício, surge a ideia de morte e renovação no simbolismo do touro mitraico. O touro é morto por Mitra, mas da sua morte surge a vida. O sangue do touro fertiliza a terra, e a sua morte permite o renascimento da natureza e a continuidade do ciclo da vida. Este ciclo de morte e renovação, presente em muitos mitos e religiões antigas, é central para a mensagem do Mitraísmo, que oferece uma promessa de salvação e de vida após a morte para os seus iniciados. O touro, como símbolo de morte e renovação, representa a transitoriedade da vida terrena, a inevitabilidade da morte física, mas também a esperança da ressurreição e da vida eterna no reino da luz, prometida aos adeptos do culto. A morte do touro na Tauroctonia não é um fim absoluto, mas sim uma passagem para uma nova forma de existência, um renascimento em um plano superior, ecoando a promessa de transformação espiritual e imortalidade oferecida pelo Mitraísmo.

Em suma, o simbolismo do touro no Mitraísmo é multifacetado e rico em camadas de significado. O touro representa força primordial, fertilidade exuberante, sacrifício primordial, morte necessária e renovação cíclica da vida, condensando em si conceitos fundamentais da teologia, da cosmologia e da soteriologia mitraica. A sua presença central na cena da Tauroctonia e a sua recorrência em outros contextos iconográficos do culto sublinham a sua importância como símbolo chave para a compreensão dos mistérios de Mitra. A contemplação do simbolismo do touro, a meditação sobre as suas múltiplas facetas e a sua interpretação no contexto da narrativa mítica mitraica convidam a uma imersão profunda no universo do Mitraísmo, desvendando as mensagens secretas e os ensinamentos esotéricos que o culto transmitia através da linguagem visual da sua arte e iconografia.

Capítulo 20
O Cosmos no Mitraeu

Um dos aspetos mais fascinantes e distintivos da arte e iconografia mitraicas é a omnipresença do simbolismo zodiacal, que permeia a decoração dos mitraeus e revela a profunda visão de mundo cósmica que sustentava o culto de Mitra. Os doze signos do zodíaco, representados de forma recorrente em relevos, pinturas e esculturas, não eram meros elementos ornamentais, mas sim chaves de acesso a uma compreensão mais profunda do universo mitraico, refletindo a crença na influência cósmica sobre o destino humano, na ordem celeste que governa o mundo e na jornada da alma através das esferas planetárias. A integração do zodíaco no mitraeu, o próprio espaço ritual subterrâneo, transformava este local sagrado em um microcosmo, uma representação em miniatura do macrocosmo celeste, onde os iniciados podiam experimentar simbolicamente a sua inserção na ordem cósmica e a sua jornada espiritual através dos céus. Explorar o simbolismo zodiacal no Mitraísmo, desvendar o significado dos signos no contexto do culto e compreender a sua função na decoração dos mitraeus é essencial para apreendermos a complexidade e a sofisticação da visão de mundo mitraica.

A integração do zodíaco na arte e arquitetura mitraicas não era um fenómeno isolado, mas sim uma manifestação da crescente popularidade da astrologia no mundo romano durante os séculos do Império. A crença na influência dos astros sobre os eventos terrestres e o destino individual disseminou-se amplamente em diversas camadas da sociedade romana, encontrando expressão em diversas formas de culto, filosofia e práticas adivinhatórias. O Mitraísmo, surgindo neste contexto cultural permeado pela astrologia, incorporou naturalmente o simbolismo zodiacal no seu sistema de crenças e na sua linguagem visual, adaptando e reinterpretando os signos zodiacais de acordo com a sua teologia e cosmologia específicas. A adoção do zodíaco pelo Mitraísmo reflete, assim, a sua capacidade de sincretismo e adaptação ao ambiente cultural romano, integrando elementos populares e correntes do pensamento da época no seu próprio sistema religioso.

O ciclo zodiacal completo, composto pelos doze signos de Áries, Touro, Gémeos, Câncer, Leão, Virgem, Balança, Escorpião, Sagitário, Capricórnio, Aquário e Peixes, é recorrentemente representado nos mitraeus, geralmente disposto em frisos circulares ou semicirculares, adornando os tetos abobadados, os arcos de entrada ou as paredes laterais dos espaços rituais. A ordem dos signos segue geralmente a sequência astrológica tradicional, começando com Áries (o carneiro) e terminando com Peixes (os peixes), representando o ciclo anual do sol através das constelações e a progressão do tempo cósmico. A presença do ciclo zodiacal completo nos mitraeus reforça a ideia de totalidade cósmica, abrangendo a totalidade do universo ordenado e a sua manifestação cíclica no tempo.

A representação dos signos zodiacais na arte mitraica segue convenções iconográficas relativamente consistentes, embora com variações regionais e estilísticas. Cada signo é geralmente representado através do seu símbolo animal ou figurativo tradicional: Áries como um carneiro, Touro como um touro, Gémeos como dois gémeos, Câncer como um caranguejo, Leão como um leão, Virgem como uma virgem, Balança como uma balança, Escorpião como um escorpião, Sagitário como um centauro arqueiro, Capricórnio como uma cabra-peixe, Aquário como um aguadeiro e Peixes como dois peixes. Estes símbolos zodiacais eram facilmente reconhecíveis para o observador romano, integrados na cultura visual e no conhecimento astrológico da época, facilitando a comunicação da mensagem cósmica do Mitraísmo.

O significado dos signos zodiacais no Mitraísmo é multifacetado e complexo, entrelaçando-se com a cosmologia, a teologia e a soteriologia do culto. Em um nível geral, o zodíaco representa a ordem cósmica estabelecida por Mitra, a organização do universo em esferas celestes e a influência dos astros sobre o mundo terrestre. Os doze signos zodiacais podem ser interpretados como forças cósmicas dinâmicas, influenciando o destino humano, os ciclos da natureza e o curso da história. A presença do zodíaco no mitraeu situa simbolicamente o espaço ritual dentro da ordem cósmica, transformando-o em um ponto de conexão entre o mundo terrestre e o mundo celeste.

Em um nível mais específico, cada signo zodiacal pode ter sido associado a qualidades, influências ou divindades particulares dentro do sistema mitraico, embora a informação detalhada sobre estas associações seja fragmentária e especulativa. Alguns estudiosos propõem que os signos zodiacais poderiam ter sido relacionados com os sete graus mitraicos, correspondendo a diferentes estágios da jornada iniciática e a diferentes níveis de conhecimento esotérico. Outros sugerem que os signos poderiam ter sido associados aos planetas e divindades planetárias do panteão mitraico, refletindo a influência astrológica na hierarquia divina e na prática ritual.

A associação de Touro com o próprio touro sacrificial da Tauroctonia é uma interpretação particularmente evidente e relevante. O signo de Touro, representado pelo touro, liga-se diretamente à figura central do sacrifício mitraico, reforçando o simbolismo do touro como força primordial, fertilidade e sacrifício renovador, conforme explorado em páginas anteriores. A presença do signo de Touro no ciclo zodiacal mitraico pode sublinhar a importância cósmica do sacrifício da Tauroctonia, situando-o como um evento fundamental não apenas na narrativa mítica, mas também na estrutura do universo ordenado, refletida no zodíaco.

O mitraeu, decorado com o ciclo zodiacal, transforma-se em um microcosmo, uma representação em escala reduzida do universo mitraico. Ao entrarem no mitraeu e se moverem neste espaço ritual, os iniciados eram simbolicamente inseridos no cosmos, colocados sob a abóbada celeste representada pelo teto zodiacal, e imersos na ordem cósmica que governa o mundo. O mitraeu, como microcosmo, permitia aos iniciados experimentar simbolicamente a sua ligação com o universo, a sua participação na ordem cósmica e a sua jornada espiritual como uma micro-reprodução da jornada cósmica de Mitra.

A disposição do zodíaco no mitraeu também pode ter tido um significado ritual e simbólico. A colocação do ciclo zodiacal no teto abobadado de muitos mitraeus, por exemplo, evocava diretamente a esfera celeste, o firmamento estrelado que cobre o mundo terrestre. Ao olharem para cima, durante os rituais, os iniciados eram confrontados com a representação visual do cosmos, reforçando a sua consciência da vastidão do universo e da sua inserção na ordem cósmica. A disposição do zodíaco em arcos ou frisos laterais podia demarcar os limites do espaço sagrado, separando o mitraeu do mundo profano e criando uma fronteira simbólica entre o microcosmo ritual e o macrocosmo celeste.

O simbolismo zodiacal no Mitraísmo está também intrinsecamente ligado à compreensão do tempo e dos ciclos cósmicos pelo culto. O zodíaco, como representação visual do ciclo anual do sol através das constelações, personifica a passagem do tempo, a repetição dos ciclos naturais e a eternidade do cosmos. A presença do zodíaco nos mitraeus pode ter servido para marcar o tempo ritual, indicando datas festivas, momentos propícios para determinados ritos ou a progressão das estações do ano. O zodíaco, neste sentido, ritmava a vida religiosa mitraica, sincronizando os rituais do culto com os ciclos cósmicos e reforçando a sua ligação com a ordem natural do universo.

A influência astrológica é um elemento chave para compreendermos o simbolismo zodiacal no Mitraísmo. A astrologia, como sistema de crenças e práticas que atribuem significado e influência aos astros, permeava o pensamento religioso e cultural do mundo romano, e o Mitraísmo não foi exceção. A integração do zodíaco na iconografia mitraica reflete a adoção de princípios astrológicos pelo culto, a crença na influência dos planetas e das constelações sobre o destino humano e a busca por uma compreensão astrológica do universo e da divindade. A jornada da alma através das esferas planetárias, um tema central da cosmologia mitraica, está diretamente relacionada com a astrologia, representando a ascensão da alma através das influências planetárias e a sua libertação das forças do destino.

Em conclusão, o simbolismo zodiacal no Mitraísmo é uma linguagem visual complexa e multifacetada, que enriquece a arte, a arquitetura e a experiência religiosa do culto. O ciclo zodiacal completo, representado nos mitraeus, transforma o espaço ritual em um microcosmo do universo, refletindo a visão de mundo cósmica do Mitraísmo e a sua crença na influência dos astros sobre o destino humano. A presença do zodíaco nos mitraeus reforça a ideia de ordem cósmica, ciclos temporais e da inserção dos iniciados em um universo vasto e ordenado. A decifração do simbolismo zodiacal no Mitraísmo, a compreensão do significado dos signos no contexto do culto, e a análise da sua função na decoração dos mitraeus oferecem um vislumbre fascinante da complexidade e da sofisticação da visão de mundo mitraica, e da forma como o culto de Mitra comunicava os seus mistérios através da linguagem visual da sua arte e iconografia.

Capítulo 21
Simbolismo da Luz e das Trevas

Um dos pilares teológicos e cosmológicos mais distintivos do Mitraísmo é o seu dualismo cósmico, a crença fundamental em uma luta primordial e perpétua entre forças opostas, que moldam o universo e a existência humana. Este dualismo, intrínseco à visão de mundo mitraica, encontra uma poderosa expressão visual no simbolismo da luz e das trevas, que permeia a arte, a iconografia e a liturgia do culto. A oposição binária entre luz e trevas, representada através de uma rica variedade de imagens, símbolos e alegorias, não é apenas um elemento estético na decoração dos mitraeus, mas sim uma linguagem visual fundamental para comunicar a natureza dualística do cosmos, o eterno conflito entre o bem e o mal, a jornada da alma das trevas para a luz e a promessa de salvação oferecida pelo Mitraísmo. Explorar o simbolismo da luz e das trevas no Mitraísmo, desvendar as suas múltiplas representações e compreender a sua relação com o dualismo cósmico é crucial para apreendermos a essência da teologia mitraica e a sua mensagem soteriológica central.

O dualismo cósmico no Mitraísmo manifesta-se em diversas formas e níveis, refletindo uma visão de mundo que percebe o universo como um palco de uma luta incessante entre princípios antagónicos. Esta luta primordial opõe, em termos gerais, as forças da ordem, da luz e do bem às forças do caos, das trevas e do mal, uma dualidade que se reflete tanto na cosmologia mitraica (a organização do universo em esferas celestes e ctónicas) quanto na antropologia (a condição humana como campo de batalha entre impulsos espirituais e materiais). O Mitraísmo, nesse sentido, herda e reinterpreta tradições dualistas presentes em religiões persas e iranianas, adaptando-as ao contexto romano e integrando-as no seu próprio sistema de crenças e práticas.

O simbolismo da luz e das trevas torna-se a tradução visual mais eloquente deste dualismo cósmico no Mitraísmo. A luz, com as suas conotações de claridade, conhecimento, ordem, bem e divindade, é oposta às trevas, associadas à obscuridade, ignorância, caos, mal e forças ctónicas. Esta oposição binária, profundamente enraizada na experiência humana e na observação dos ciclos naturais do dia e da noite, torna-se uma metáfora poderosa para a luta cósmica entre o bem e o mal, expressando visualmente a teologia dualista do Mitraísmo. A linguagem da luz e das trevas, familiar e ressonante para o público romano, permitia comunicar de forma eficaz e sugestiva os princípios fundamentais do culto de Mitra através da arte e da iconografia.

A própria arquitetura do mitraeu, a caverna sagrada subterrânea, contribui para o simbolismo da luz e das trevas. O mitraeu, imerso na escuridão, iluminado apenas pela luz bruxuleante de lamparinas e tochas, evoca o mundo ctónico, as profundezas da terra e o reino das trevas. A entrada estreita e descendente para o mitraeu simboliza a jornada para o submundo, o mergulho nas trevas antes da busca pela luz espiritual. O interior do mitraeu, contrastando com o mundo exterior iluminado pelo sol, cria um espaço liminar, um local de transição entre o mundo profano da luz e o mundo sagrado das trevas, onde a iniciação e a transformação espiritual se tornam possíveis.

Dentro do mitraeu, a iluminação ritual, cuidadosamente controlada através de lamparinas e tochas, desempenha um papel crucial na criação da atmosfera misteriosa e na intensificação do simbolismo da luz e das trevas. A luz bruxuleante, projetando sombras nas paredes decoradas, anima as imagens míticas, conferindo-lhes uma dimensão dinâmica e imersiva. O contraste entre a luz e a sombra, acentuado pela iluminação artificial, reforça visualmente o dualismo cósmico, criando um ambiente onde a luta entre a luz e as trevas se torna palpável e experiencial. A própria busca pela luz dentro do espaço escuro do mitraeu pode ser interpretada como uma metáfora da jornada iniciática, a busca pela iluminação espiritual através dos mistérios de Mitra, saindo das trevas da ignorância e entrando na luz do conhecimento divino.

A iconografia mitraica explora o simbolismo da luz e das trevas de diversas formas, utilizando imagens, figuras e alegorias que representam visualmente esta oposição fundamental. A própria figura de Mitra, frequentemente representada irradiando luz e energia, personifica o princípio da luz, o agente da ordem cósmica e o portador da iluminação espiritual. O Sol Invictus, divindade solar suprema do panteão mitraico, representa a fonte primordial da luz divina, o astro celeste que ilumina o mundo e vence as trevas da noite. A tocha, um dos símbolos mais recorrentes da iconografia mitraica, personifica a luz do conhecimento, da verdade e da esperança, guiando os iniciados no caminho da iniciação e iluminando a sua jornada espiritual.

Em contraposição à luz, as trevas são frequentemente representadas de forma mais implícita e simbólica na iconografia mitraica, do que através de figuras personificadas do mal ou das trevas. A escuridão do mitraeu, como espaço ritual subterrâneo, já evoca o reino das trevas e o mundo ctónico. Certos animais, como a serpente e o escorpião, presentes na cena da Tauroctonia e em outros contextos mitraicos, podem ser associados às forças ctónicas e obscuras da natureza, representando os aspectos sombrios e caóticos do universo. O próprio touro, na sua dimensão ctónica e primordial, pode ser interpretado como uma manifestação da energia bruta e informe das trevas, que precisa ser subjugada e transformada pela luz da inteligência divina de Mitra.

As figuras de Cautes e Cautopates, os acompanhantes de Mitra frequentemente representados em relevos mitraicos, incorporam de forma particularmente eloquente o simbolismo da luz e das trevas. Cautes, portando uma tocha erguida, simboliza o Sol ascendente, a luz crescente, o dia e a vida. Cautopates, portando uma tocha invertida, simboliza o

Sol descendente, a luz decrescente, a noite e a morte. A dualidade de Cautes e Cautopates, representando a ascensão e a descida do sol, a luz e as trevas, o dia e a noite, condensa visualmente o ciclo cósmico fundamental da luz e das trevas, e a sua eterna alternância no universo. A sua presença constante na iconografia mitraica, frequentemente flanqueando a cena da Tauroctonia ou outras representações de Mitra, reforça a centralidade do dualismo luz-trevas na visão de mundo mitraica.

A disposição de Cautes e Cautopates nos relevos mitraicos também carrega um significado simbólico. Cautes, com a tocha erguida, é geralmente colocado à direita de Mitra, o lado da luz, do sol nascente e do hemisfério celeste. Cautopates, com a tocha invertida, é geralmente colocado à esquerda de Mitra, o lado das trevas, do sol poente e do hemisfério ctónico. Esta disposição espacial, consistente em muitas representações, reforça visualmente a polaridade entre a luz e as trevas, e a sua associação com os hemisférios celeste e ctónico do universo mitraico. A própria posição central de Mitra, entre Cautes e Cautopates, pode simbolizar o seu papel como mediador entre a luz e as trevas, o agente que equilibra as forças opostas do cosmos e garante a ordem universal.

O dualismo luz-trevas no Mitraísmo não se limita a uma mera descrição cosmológica, mas possui também uma profunda dimensão ética e soteriológica. A luta cósmica entre a luz e as trevas reflete-se na luta interior da alma humana, o conflito entre os impulsos espirituais e materiais, entre o bem e o mal que reside dentro de cada indivíduo. O caminho iniciático mitraico, a jornada através dos graus, é frequentemente interpretado como uma progressão gradual das trevas para a luz, um processo de purificação espiritual e de ascensão da alma em direção ao reino da luz divina. A promessa de salvação mitraica, a esperança de uma vida após a morte mais auspiciosa no reino celeste, é frequentemente expressa em termos de ascensão à luz, de libertação das trevas da ignorância e do sofrimento e de união com a fonte primordial da luz divina.

A ética mitraica, valorizando virtudes como a disciplina, a lealdade, a coragem e o auto-controle, pode ser interpretada como uma luta constante contra as forças das trevas dentro de si mesmo. A adesão aos preceitos morais do Mitraísmo, a prática dos rituais e a progressão através dos graus iniciáticos representam um esforço contínuo para fortalecer a luz interior, para vencer as tendências obscuras da natureza humana e para se alinhar com as forças da ordem e do bem no cosmos. O ideal mitraico do iniciado perfeito é aquele que alcançou a iluminação espiritual, que superou as trevas da ignorância e do mal e que se tornou um agente da luz no mundo, refletindo a ordem e a harmonia do universo mitraico.

Em suma, o simbolismo da luz e das trevas no Mitraísmo constitui uma linguagem visual poderosa e multifacetada, que comunica a essência do dualismo cósmico e da mensagem soteriológica do culto. A oposição binária entre luz e trevas, expressa através da arquitetura dos mitraeus, da iluminação ritual, da iconografia da Tauroctonia e das figuras de Cautes e

Cautopates, permeia toda a experiência religiosa mitraica, reforçando a crença na luta primordial entre o bem e o mal e na jornada da alma das trevas para a luz. A decifração deste simbolismo dualista, a compreensão das suas múltiplas representações e a sua relação com a teologia e a ética mitraicas oferecem um vislumbre fascinante da profundidade e da complexidade da visão de mundo do Mitraísmo, e da forma como o culto de Mitra comunicava os seus mistérios através da linguagem visual da luz e das trevas.

Capítulo 22
Outros Animais Simbólicos no Mitraísmo

Embora o touro domine o bestiário simbólico do Mitraísmo, ocupando o centro da cena da Tauroctonia e irradiando o seu significado multifacetado por todo o culto, o universo iconográfico mitraico é povoado por uma rica variedade de outros animais simbólicos, cada um com a sua carga de significado específica e a sua contribuição para a complexidade da linguagem visual do Mitraísmo. Para além do touro, o leão, a serpente, o escorpião e o corvo emergem como figuras animais recorrentes na arte mitraica, presentes em diversas cenas míticas, rituais e decorações dos mitraeus, enriquecendo o bestiário simbólico do culto e transmitindo mensagens adicionais sobre a cosmologia, a teologia e a soteriologia mitraica. Explorar o simbolismo destes outros animais, desvendar as suas múltiplas camadas de significado e compreender a sua função no contexto do Mitraísmo é essencial para completarmos o panorama do bestiário simbólico mitraico e para apreciarmos a riqueza e a sofisticação da sua linguagem visual.

O leão, animal imponente, majestoso e solar por excelência, ocupa um lugar de destaque entre os animais simbólicos do Mitraísmo, frequentemente associado à força, ao poder, à realeza e à própria divindade solar. A presença do leão na iconografia mitraica não é tão omnipresente como a do touro, mas em certos contextos, como nos rituais de iniciação e em representações de divindades solares, o leão assume um papel simbólico relevante, reforçando a dimensão solar e hierárquica do Mitraísmo. A associação do leão com o Sol é um tema recorrente em diversas culturas antigas, e o Mitraísmo herda e reinterpreta esta ligação, integrando o leão no seu simbolismo solar e cósmico.

O grau iniciático de *Leo* (Leão), o quarto grau na hierarquia mitraica, testemunha a importância simbólica do leão no culto. A iniciação neste grau certamente envolvia ritos e símbolos associados ao leão, embora os detalhes precisos permaneçam desconhecidos devido ao segredo iniciático. É plausível que os iniciados que alcançavam o grau de *Leo* fossem investidos com atributos simbólicos do leão, como a coragem, a força e a autoridade, identificando-se com as qualidades solares e regais associadas a este animal. A passagem para o grau de Leão poderia ser interpretada como uma ascensão simbólica a um nível superior de poder espiritual e conhecimento esotérico, aproximando o iniciado da esfera divina e solar.

Iconograficamente, o leão aparece em cenas mitraicas diversas, frequentemente associado a Mitra ou a Sol Invictus. Em algumas representações da Tauroctonia, um leão acompanha a cena, lambendo o sangue do touro ou participando de alguma forma no drama cósmico. Em outras imagens, Mitra é representado dominando um leão ou montado em um leão, reforçando o seu poder sobre as forças da natureza e a sua ligação com o simbolismo leonino. Sol Invictus, a divindade solar suprema do panteão mitraico, é também por vezes representado com atributos leoninos, como a pele de leão ou acompanhado por este animal, sublinhando a sua natureza solar e o seu poder regente sobre o cosmos.

O simbolismo do leão no Mitraísmo pode ser interpretado em múltiplos níveis. Em um nível cósmico, o leão pode representar o Sol em seu zénite, a força solar máxima, o poder da luz que vence as trevas. A sua associação com o fogo e com o calor reforça a sua dimensão solar e a sua ligação com a energia vital do cosmos. Em um nível soteriológico, o leão pode simbolizar a força espiritual, a coragem moral e a determinação necessárias para percorrer o caminho iniciático mitraico e para alcançar a salvação. O leão, como rei dos animais, representa o ideal de poder e de auto-domínio que os iniciados mitraicos aspiravam a alcançar através da sua jornada espiritual.

A serpente, em contraste com o leão solar e celeste, assume no Mitraísmo um simbolismo mais ctónico, terrestre e ambivalente, associada tanto à terra e à regeneração quanto a forças obscuras e misteriosas. A presença da serpente na cena da Tauroctonia, onde rasteja em direção ao touro sacrificado, bebendo o seu sangue ou mordendo os seus testículos, sugere um papel ambíguo e complexo deste animal no contexto mitraico. A serpente, criatura que vive no subsolo, rasteja pela terra e troca de pele, carrega consigo conotações de ctonicidade, regeneração, transformação e mistério, que são exploradas no simbolismo mitraico.

A associação da serpente com a terra e com as forças ctónicas é evidente na sua representação na Tauroctonia, onde surge do solo para se aproximar do touro sacrificado. A serpente, como criatura terrestre, personifica as forças da terra, a fertilidade do solo e a energia vital que emana do mundo subterrâneo. A sua presença na cena do sacrifício pode indicar que a serpente se beneficia da energia vital liberada pela morte do touro, recebendo e canalizando a força regeneradora que emana do sacrifício primordial. Nesta interpretação, a serpente não é necessariamente uma figura negativa ou maligna, mas sim uma parte integrante do ciclo da vida e da renovação, beneficiando-se do sacrifício e garantindo a continuidade da fertilidade terrestre.

O simbolismo regenerativo da serpente também está presente na sua capacidade de trocar de pele, um processo natural que foi interpretado em diversas culturas como um símbolo de renascimento, renovação e transformação. No Mitraísmo, a serpente pode representar a capacidade de transformação espiritual do iniciado, a sua jornada de morte simbólica e renascimento para um novo nível de existência através da iniciação. A serpente, neste sentido, personifica o potencial de renovação interior, a capacidade de deixar para trás o velho e abraçar o novo, um tema central na soteriologia mitraica.

No entanto, a serpente também carrega conotações obscuras e misteriosas no simbolismo mitraico, ecoando a sua reputação ambivalente em outras tradições religiosas. A sua natureza ctónica, a sua ligação com o submundo e o seu veneno potencial associam a serpente a forças desconhecidas, perigosas e até mesmo malignas. Em algumas interpretações, a serpente na Tauroctonia pode representar as forças do caos e da desordem que se opõem à ordem cósmica estabelecida por Mitra, tentando se beneficiar do sacrifício primordial para perturbar o equilíbrio do universo. Esta ambivalência do simbolismo da serpente reflete a complexidade da visão de mundo mitraica, que reconhece a presença de forças obscuras e ambíguas na natureza e na existência humana, mesmo dentro do processo de criação e renovação.

O escorpião, outro animal frequente na cena da Tauroctonia, assume um simbolismo mais inequivocamente ctónico e associado à morte e à dor. O escorpião, criatura terrestre, venenosa e noturna, personifica as forças destrutivas da natureza, o veneno da morte e a escuridão do submundo. A sua presença na Tauroctonia, pinçando os testículos do touro, sugere um papel negativo e obstrutivo no processo de sacrifício, tentando impedir a fertilidade e a regeneração que deveriam emanar da morte do touro. O escorpião, neste contexto, pode representar as forças do mal e do caos que se opõem ao plano divino de Mitra, tentando frustrar a criação e a renovação cósmica.

O simbolismo do escorpião no Mitraísmo é frequentemente associado à morte, ao sofrimento e à dor. O seu ferrão venenoso, capaz de infligir uma picada dolorosa e potencialmente fatal, torna o escorpião um símbolo natural de mortalidade, perigo e forças destrutivas. Na Tauroctonia, o escorpião, ao atacar os órgãos reprodutivos do touro, simboliza a castração, a infertilidade e a interrupção do ciclo da vida, opondo-se diretamente ao simbolismo de fertilidade e renovação associado ao sangue do touro. O escorpião, neste sentido, representa as forças da morte e da esterilidade que ameaçam a ordem cósmica e a continuidade da vida.

Em um nível psicológico e soteriológico, o escorpião pode representar os aspectos sombrios da natureza humana, as paixões destrutivas, os impulsos egoístas e a tentação do mal. A luta contra o escorpião dentro de si mesmo, o esforço para superar as tendências negativas e os desejos obscuros, pode ser interpretada como parte da jornada iniciática mitraica, a necessidade de enfrentar e vencer as trevas interiores para alcançar a luz espiritual. O escorpião, neste contexto, personifica os obstáculos e os desafios que o iniciado deve superar no caminho da iniciação, as tentações e os perigos que ameaçam desviar o buscador da verdade do seu objetivo final.

O corvo, a última das aves simbólicas a explorar neste bestiário mitraico, assume um papel mais ambivalente e multifacetado, associado tanto à mensageria divina e ao conhecimento esotérico quanto a conotações funerárias e ctónicas. A presença do corvo na cena da Tauroctonia, frequentemente bicando o touro ou bebendo o seu sangue, sugere um papel de intermediário entre os mundos, um mensageiro que conecta o plano terrestre com o divino, ou talvez um psicopompo que guia as almas para o além. A cor preta do corvo, a sua dieta necrófaga e o seu comportamento misterioso contribuem para a sua aura ambivalente e para a riqueza do seu simbolismo no Mitraísmo.

O grau iniciático de *Corax* (Corvo), o primeiro grau na hierarquia mitraica, indica a importância simbólica do corvo no início da jornada iniciática. Os iniciados do grau de Corax, os noviços no culto, podem ter sido associados ao simbolismo do corvo como mensageiros, aprendizes e buscadores de conhecimento. O corvo, como ave mensageira, poderia representar o papel do iniciado Corax como receptor e transmissor das mensagens do culto, o primeiro passo na jornada de desvendamento dos mistérios de Mitra. A iniciação no grau de Corax poderia ser interpretada como um chamamento à busca pelo conhecimento esotérico, o início da jornada espiritual rumo à iluminação, guiada pela sabedoria ancestral do corvo.

A associação do corvo com mensagens divinas também pode ser interpretada no contexto da Tauroctonia. A presença do corvo na cena do sacrifício pode indicar que ele é um mensageiro enviado pelas divindades celestes para comunicar algum desígnio divino relacionado com o sacrifício do touro. O corvo poderia ser o portador de uma ordem divina para Mitra realizar o sacrifício, ou o anunciador das consequências cósmicas e benéficas que emanarão da Tauroctonia. Nesta interpretação, o corvo não é apenas um animal que participa da cena, mas sim um agente da vontade divina, transmitindo uma mensagem crucial para o desenrolar do drama cósmico.

As conotações funerárias e ctónicas do corvo também podem ser relevantes para o seu simbolismo no Mitraísmo. O corvo, como ave necrófaga, associada à morte e aos campos de batalha, pode representar a passagem entre a vida e a morte, a jornada da alma para o submundo e a transitoriedade da existência terrena. A sua presença na Tauroctonia poderia evocar a dimensão sacrificial e soteriológica do culto, a promessa de vida após a morte e a esperança de salvação oferecida pelo Mitraísmo. O corvo, neste sentido, guia as almas dos iniciados na sua jornada para o além, conduzindo-as através das trevas da morte para a luz da vida eterna.

Em síntese, o bestiário simbólico do Mitraísmo, para além do touro central, é enriquecido por outros animais como o leão, a serpente, o escorpião e o corvo, cada um com a sua carga de significado específica e a sua contribuição para a complexidade da linguagem visual do culto. O leão representa força solar e poder divino, a serpente ambivalência ctónica e regeneração, o escorpião forças destrutivas e a morte, e o corvo mensageria divina e o conhecimento esotérico. A compreensão do simbolismo destes animais, a sua interação na iconografia mitraica e a sua relação com a teologia e a soteriologia do culto enriquecem profundamente a nossa apreensão dos mistérios de Mitra e da riqueza da sua linguagem visual.

Capítulo 23
Simbolismo dos Objetos Rituais

No cerimonial misterioso do Mitraísmo, para além das imagens míticas e dos símbolos cósmicos, os objetos rituais desempenhavam um papel crucial, materializando as crenças, as práticas e a experiência religiosa do culto. Estes instrumentos, cuidadosamente elaborados e imbuídos de significado simbólico, não eram meros adereços cénicos, mas sim ferramentas sagradas, mediadoras entre o mundo humano e o divino, veículos de ação ritual e portadores de mensagens esotéricas. A faca curva (ou espada curta), a tocha, o cálice (ou taça) e as paterae (taças rasas) destacam-se entre os objetos rituais mais proeminentes e recorrentes na iconografia e no achado arqueológico mitraicos, cada um com o seu simbolismo específico e a sua função ritual particular. Desvendar o simbolismo dos objetos rituais mitraicos, explorar o significado da faca, da tocha, do cálice e de outros instrumentos, e compreender a sua utilização nas práticas rituais é essencial para apreciarmos a materialidade do culto de Mitra e a forma como os objetos sagrados contribuíam para a experiência religiosa dos iniciados.

O uso de objetos rituais é uma característica comum a diversas religiões e práticas espirituais, desde as mais antigas até às contemporâneas. Objetos sagrados, como instrumentos de culto, amuletos, oferendas ou recipientes rituais, servem como pontes entre o mundo material e o mundo espiritual, condensando em si poder simbólico, significado religioso e força transcendente. A materialidade dos objetos rituais, a sua forma, os materiais de que são feitos, a sua decoração e a sua utilização em contextos rituais específicos, comunicam mensagens não verbais que complementam e enriquecem a experiência religiosa dos participantes. No contexto dos cultos de mistério, como o Mitraísmo, os objetos rituais adquirem uma dimensão ainda mais esotérica e carregada de segredo, funcionando como chaves de acesso a um conhecimento oculto e como instrumentos de transformação iniciática.

A faca curva (ou espada curta), frequentemente representada nas mãos de Mitra na cena da Tauroctonia, e também presente em outras cenas míticas e rituais mitraicas, emerge como um dos objetos rituais mais simbólicos e multifacetados do culto. A faca, na sua função primordial de instrumento de corte, evoca naturalmente a ideia de separação, divisão e sacrifício. No contexto da Tauroctonia, a faca de Mitra é o instrumento do sacrifício primordial do touro, o ato fundacional que dá origem ao cosmos e permite a renovação da vida. A faca, neste sentido, simboliza o poder criativo e transformador do sacrifício, a capacidade de gerar ordem a partir do caos através de um ato de separação e divisão.

O formato curvo da faca mitraica, distintivo em muitas representações, pode também carregar um simbolismo específico, embora as interpretações variem. Alguns estudiosos sugerem que a forma curva da faca poderia evocar a foice, um instrumento agrícola associado à colheita e à fertilidade, ligando o sacrifício da Tauroctonia não apenas à morte, mas também à abundância dos frutos da terra que emanam do sacrifício. Outros propõem que a curva da faca poderia ter conotações lunares, associando-a à divindade lunar e ao ciclo da lua, reforçando a dimensão cósmica e cíclica do sacrifício mitraico. Em algumas representações, Mitra empunha não uma faca curva, mas sim uma espada curta, o que pode indicar variações regionais ou cronológicas no simbolismo do instrumento, ou talvez uma ênfase diferente no aspecto marcial e no poder guerreiro de Mitra.

  A utilização da faca em rituais mitraicos, para além da representação mítica da Tauroctonia, é inferida de algumas evidências arqueológicas e iconográficas, embora os detalhes precisos permaneçam desconhecidos. É plausível que facas rituais tenham sido utilizadas em cerimônias de iniciação, talvez simbolizando a separação do iniciado do mundo profano e a sua entrada no espaço sagrado do mitraeu. Facas poderiam também ter sido usadas em ritos de sacrifício simbólico, oferendas ou libações, representando a continuidade do sacrifício primordial da Tauroctonia e a renovação da aliança entre os iniciados e as divindades mitraicas. A própria posse de uma faca ritual poderia ter sido um símbolo de estatuto e de poder iniciático, reservado a determinados graus da hierarquia mitraica, reforçando a ideia da faca como instrumento sagrado e veículo de poder espiritual.

A tocha, outro objeto ritual proeminente na iconografia mitraica, especialmente nas mãos de Cautes e Cautopates, mas também frequentemente associada ao próprio Mitra, simboliza a luz, a iluminação, o conhecimento, a verdade e a esperança. A tocha, como fonte de luz artificial, oposta à escuridão natural, representa a busca pela luz espiritual, o caminho da iniciação como uma jornada das trevas para a luz, e a promessa de iluminação divina oferecida pelo Mitraísmo. A tocha, em sua chama flamejante, evoca também o fogo purificador e transformador, a energia vital e a força espiritual que guiam e protegem o iniciado no seu percurso.

As tochas portadas por Cautes e Cautopates, em sua dualidade e oposição, enriquecem o simbolismo da tocha no Mitraísmo. Cautes, com a tocha erguida, simboliza a luz ascendente, o sol nascente, a esperança, o novo começo e a promessa de iluminação. Cautopates, com a tocha invertida, simboliza a luz descendente, o sol poente, o fim de um ciclo, a passagem para a noite e a necessidade de introspecção. A dualidade das tochas, representando a ascensão e a descida da luz, o dia e a noite, a vida e a morte, condensa o ciclo cósmico fundamental da luz e das trevas, e a jornada iniciática como uma alternância entre momentos de iluminação e momentos de obscuridade, de conhecimento e de mistério.

A utilização de tochas em rituais mitraicos é corroborada pela evidência arqueológica, nomeadamente a descoberta de suportes para tochas e lamparinas nos mitraeus, e pela representação iconográfica frequente de tochas nas mãos de figuras rituais. Tochas acesas certamente iluminavam o espaço escuro do mitraeu durante os rituais, criando uma atmosfera misteriosa e reverente, e intensificando o simbolismo da luz e das trevas. Tochas poderiam ter sido utilizadas em procissões rituais dentro do mitraeu, guiando os iniciados no seu percurso simbólico e marcando momentos importantes da cerimónia. A passagem da tocha acesa entre os iniciados poderia ter sido um rito de comunhão e de partilha da luz espiritual, reforçando os laços fraternais e o senso de pertencimento à comunidade mitraica.

O cálice (ou taça), embora menos omnipresente na iconografia mitraica do que a faca e a tocha, emerge como um objeto ritual significativo, especialmente em cenas de banquete sagrado e em contextos que evocam a comunhão e a partilha ritual de bebidas. O cálice, como recipiente para líquidos preciosos, associa-se naturalmente ao simbolismo da bebida ritual, da libação, da partilha comunitária e da comunhão com o divino. No contexto dos banquetes mitraicos, o cálice pode representar o recipiente do vinho sagrado, a bebida ritualmente significativa partilhada entre os iniciados como um ato de comunhão e fraternidade, e possivelmente como uma representação simbólica do sangue do touro sacrificado ou do néctar da imortalidade.

A iconografia de Mitra e Sol Invictus partilhando um banquete sagrado frequentemente inclui a representação de um cálice ou taça entre as duas divindades, sugerindo a importância ritual e simbólica deste objeto nos banquetes mitraicos. O cálice, neste contexto, personifica o ato de partilhar a bebida ritual, o gesto de comunhão e de fraternidade entre as divindades e, por extensão, entre os iniciados que replicavam o banquete sagrado no mitraeu. O cálice, como recipiente da bebida da imortalidade, poderia também evocar a promessa de salvação e de vida eterna oferecida pelo Mitraísmo, simbolizando a recompensa final dos iniciados que percorriam o caminho da iniciação e alcançavam a união com o divino.

As paterae (taças rasas), encontradas arqueologicamente em alguns mitraeus, e por vezes representadas em cenas iconográficas, sugerem a utilização de recipientes rituais para libações e oferendas. As paterae, pela sua forma rasa e aberta, são particularmente adequadas para derramar líquidos sobre o altar ou sobre o solo, um ato ritual comum em diversas religiões antigas como forma de oferenda às divindades, aos espíritos ctónicos ou aos mortos. No Mitraísmo, paterae poderiam ter sido utilizadas em libações de vinho, leite, mel ou água, oferecendo simbolicamente estas substâncias preciosas às divindades mitraicas, como um ato de devoção, gratidão ou súplica.

Para além da faca, tocha e cálice, outros objetos rituais poderiam ter sido utilizados no Mitraísmo, embora a evidência seja mais fragmentária e especulativa. Incensários poderiam ter sido usados para queimar incenso durante os rituais, purificando o espaço e criando uma atmosfera olfativa mística e reverente.

Campainhas ou sinetas poderiam ter sido utilizadas para marcar momentos rituais importantes, como o início ou o fim de uma cerimónia, ou para acompanhar cânticos e hinos rituais. Coroas ou grinaldas de flores poderiam ter sido utilizadas para adornar os iniciados em momentos especiais, simbolizando a sua pureza, a sua consagração ou a sua ascensão a um novo grau iniciático. A própria vestimenta ritual dos iniciados, com cores e símbolos específicos associados a cada grau, poderia ser considerada como um objeto ritual carregado de significado simbólico, contribuindo para a experiência ritual e a identidade coletiva mitraica.

Em conclusão, o simbolismo dos objetos rituais no Mitraísmo é vasto e multifacetado, enriquecendo a linguagem visual e a experiência ritual do culto. A faca, a tocha, o cálice e outros instrumentos sagrados não eram meros adereços, mas sim ferramentas rituais imbuídas de poder simbólico, mediando a comunicação com o divino, facilitando a ação ritual e transmitindo mensagens esotéricas aos iniciados. A compreensão do simbolismo destes objetos rituais, a sua função nas práticas do culto e a sua materialidade como elementos tangíveis da fé mitraica são essenciais para apreciarmos a riqueza e a complexidade do Mitraísmo e para desvendarmos os mistérios que ecoavam nas cavernas sagradas do Império Romano. Na próxima parte do livro, iremos explorar a complexa e por vezes conflituosa relação entre o Mitraísmo e o Cristianismo, a religião que eventualmente se tornaria dominante no mundo romano, e os fatores que levaram ao declínio gradual do culto de Mitra.

Capítulo 24
O Cristianismo Ascendente no Império Romano

No panorama religioso multifacetado e dinâmico do Império Romano, o Mitraísmo não floresceu em isolamento, mas sim em um contexto de intensa competição e intercâmbio com outros cultos e crenças. Entre estes, o Cristianismo, inicialmente um movimento minoritário e periférico, emergiu gradualmente como um competidor religioso formidável, desafiando a popularidade do Mitraísmo e eventualmente eclipsando-o em influência e número de seguidores. A ascensão do Cristianismo no Império Romano, um fenómeno complexo e multifacetado que se desenrolou ao longo de séculos, representa um dos grandes pontos de viragem na história religiosa do mundo ocidental, marcando o fim da era das religiões mistéricas pagãs e o início da hegemonia cristã. Compreender o Cristianismo ascendente como um competidor para o Mitraísmo, analisar os fatores que contribuíram para o seu sucesso e identificar as diferenças e semelhanças entre os dois cultos é essencial para contextualizarmos o declínio do Mitraísmo e para compreendermos a dinâmica da competição religiosa no Império Romano tardio.

O surgimento do Cristianismo no século I d.C., nas províncias orientais do Império Romano, marcou o início de um movimento religioso que, em poucos séculos, transformaria o panorama religioso e cultural do mundo ocidental. Inicialmente um pequeno grupo de seguidores de Jesus de Nazaré, o Cristianismo, impulsionado pela pregação apostólica, pela disseminação das escrituras e pela conversão gradual de novos adeptos, expandiu-se progressivamente por todo o Império Romano, alcançando diferentes estratos sociais, regiões geográficas e comunidades culturais. Apesar de enfrentar períodos de perseguição e oposição por parte das autoridades romanas, o Cristianismo demonstrou uma resiliência e uma capacidade de adaptação notáveis, crescendo em número e influência até se tornar, no século IV d.C., a religião dominante do Império Romano, sob o imperador Constantino e os seus sucessores.

A popularidade crescente do Cristianismo no Império Romano pode ser atribuída a uma combinação complexa de fatores, que interagiram de forma sinérgica para impulsionar a sua expansão e consolidação. Em primeiro lugar, a mensagem do Cristianismo, centrada na figura de Jesus Cristo como salvador, no amor universal, na promessa de vida eterna e na ressurreição dos mortos, ressoava com as necessidades espirituais e existenciais de muitos habitantes do mundo romano, em um período de transformações sociais, crises políticas e insegurança religiosa. A promessa de salvação pessoal, de perdão dos pecados e de um futuro glorioso no reino de Deus oferecia consolo, esperança e sentido a indivíduos que se sentiam desiludidos com as religiões cívicas tradicionais e com as filosofias elitistas da época.

Em segundo lugar, a estrutura comunitária do Cristianismo, baseada em igrejas locais, na assistência mútua entre os membros, na prática da caridade e no apoio aos necessitados, atraía indivíduos em busca de pertencimento social, solidariedade e apoio prático. As comunidades cristãs, organizadas em torno de bispos e presbíteros, ofereciam um espaço de convívio, de partilha e de ajuda mútua, em contraste com a relativa impessoalidade e formalidade das religiões cívicas romanas. O apelo à igualdade entre os crentes, transcendendo as distinções sociais e étnicas, e a inclusão de mulheres, escravos e marginalizados na comunidade cristã, contribuíram para a popularidade do Cristianismo em diversos segmentos da sociedade romana.

Em terceiro lugar, a eficácia da pregação e da propaganda cristã, impulsionada por missionários itinerantes, pela produção e disseminação de textos sagrados (como os Evangelhos e as Epístolas) e pela utilização de métodos de persuasão e argumentação sofisticados, desempenhou um papel crucial na expansão do Cristianismo. Os apóstolos e os seus sucessores, viajando por todo o Império Romano, proclamavam a mensagem cristã em centros urbanos, aldeias rurais e comunidades judaicas da diáspora, utilizando a língua grega, a língua franca do mundo romano oriental, para comunicar a sua mensagem a um público vasto e diversificado. A habilidade dos apologistas cristãos em defender a fé cristã perante os intelectuais pagãos, em responder às críticas e acusações e em apresentar o Cristianismo como uma filosofia superior e uma religião moralmente elevada, contribuiu para a sua credibilidade e para a conversão de membros das elites romanas.

Em quarto lugar, a mensagem de exclusividade religiosa do Cristianismo, que proclamava a unicidade de Deus e a singularidade de Jesus Cristo como o único caminho para a salvação, representava uma ruptura com o sincretismo e a tolerância religiosa característicos do mundo romano. Enquanto o Mitraísmo e outras religiões pagãs se integravam facilmente no panteão romano, aceitando a coexistência de diversas divindades e cultos, o Cristianismo rejeitava o politeísmo pagão e afirmava a falsidade de todos os outros deuses, exigindo uma adesão exclusiva e total a Cristo e à sua Igreja. Esta mensagem de exclusividade, embora inicialmente limitante, acabou por se revelar um fator de força, consolidando a identidade cristã, fortalecendo o compromisso dos fiéis e delineando uma fronteira clara entre o Cristianismo e o paganismo.

O Cristianismo, ao ascender como um competidor religioso formidável, apresentava desafios diretos ao Mitraísmo, disputando o mesmo terreno religioso, atraindo segmentos semelhantes da população romana e oferecendo respostas alternativas às mesmas necessidades espirituais e existenciais. Embora não haja evidências de confrontos diretos e violentos entre mitraístas e cristãos em larga escala (diferentemente da perseguição cristã por parte das autoridades romanas), a competição religiosa entre os dois cultos foi real e significativa, manifestando-se em diversas formas de rivalidade e disputa por fiéis.

O Cristianismo e o Mitraísmo concorriam pelo mesmo público, especialmente nos centros urbanos, nas comunidades militares e nos estratos sociais médios e baixos da sociedade romana. Ambos os cultos atraíam indivíduos em busca de uma experiência religiosa mais pessoal e emotiva, em contraste com a frieza e o formalismo das religiões cívicas tradicionais. Ambos ofereciam ritos de iniciação, promessas de salvação e de vida após a morte, códigos éticos rigorosos e estruturas comunitárias coesas. A sobreposição no público-alvo e nas ofertas religiosas tornava a competição entre o Cristianismo e o Mitraísmo inevitável, gerando uma dinâmica de rivalidade e disputa por fiéis.

O Cristianismo, com a sua mensagem de amor universal, de perdão dos pecados e de ressurreição, apresentava uma alternativa atraente ao Mitraísmo, que, apesar da sua popularidade, podia ser percebido como mais esotérico, restritivo e focado em virtudes militares e rígida disciplina. A figura de Jesus Cristo, com a sua humanidade palpável, a sua história de sofrimento e sacrifício, e a promessa de amor e compaixão divinos, podia ressoar de forma mais profunda com alguns indivíduos do que a figura mítica e distante de Mitra. A mensagem cristã de igualdade e inclusão, transcendendo as barreiras sociais e étnicas, podia atrair aqueles que se sentiam excluídos ou marginalizados na sociedade romana, em contraste com a estrutura hierárquica e possivelmente mais restritiva do Mitraísmo.

A flexibilidade e a adaptabilidade do Cristianismo também lhe conferiam vantagens competitivas sobre o Mitraísmo. O Cristianismo, desde os seus primórdios, demonstrou uma capacidade notável de se adaptar a diferentes contextos culturais e sociais, incorporando elementos da filosofia grega, da cultura romana e de tradições religiosas locais, mantendo ao mesmo tempo a sua identidade e mensagem central. Esta capacidade de sincretismo seletivo permitiu ao Cristianismo ganhar adesão em diversas regiões do Império Romano, adaptando a sua mensagem e práticas às necessidades e sensibilidades de diferentes grupos sociais e étnicos. O Mitraísmo, embora também demonstrasse alguma capacidade de adaptação regional, parecia ser menos flexível e mais preso a um conjunto de ritos e mitos relativamente fixos, o que pode ter limitado a sua capacidade de expansão e de adaptação a novos contextos.

Em suma, o Cristianismo ascendente representou um competidor religioso formidável para o Mitraísmo no Império Romano, disputando o mesmo público, oferecendo respostas alternativas às mesmas necessidades espirituais e existenciais e beneficiando-se de vantagens competitivas em termos de mensagem, estrutura comunitária e adaptabilidade. A competição entre os dois cultos, embora nem sempre direta e violenta, desempenhou um papel crucial na dinâmica religiosa do mundo romano tardio, contribuindo para o declínio gradual do Mitraísmo e para o triunfo final do Cristianismo como religião dominante do Império.

Capítulo 25
Mitraísmo e Cristianismo

A emergência e a expansão do Cristianismo no Império Romano colocaram-no em rota de colisão, e simultaneamente em paralelo, com diversas outras correntes religiosas da época, entre as quais se destacava o Mitraísmo. A comparação entre Mitraísmo e Cristianismo revela um paralelo complexo e fascinante, marcado por semelhanças surpreendentes em alguns aspetos, mas também por diferenças cruciais que acabariam por determinar o destino de cada culto no contexto do mundo romano tardio. Explorar este paralelo, identificar os pontos de convergência e divergência entre Mitraísmo e Cristianismo, é essencial para compreendermos não apenas a dinâmica da competição religiosa no Império Romano, mas também para apreciarmos as características distintivas de cada culto e as razões subjacentes ao eventual triunfo de um e ao declínio do outro. A análise comparativa revela que, embora partilhassem um terreno comum em termos de necessidades espirituais e formas de expressão religiosa, as diferenças teológicas, estruturais e contextuais foram decisivas para definir o seu percurso histórico divergente.

As semelhanças entre Mitraísmo e Cristianismo, que por vezes surpreendem e intrigam os estudiosos, radicam em parte no facto de ambos serem considerados religiões de mistério que floresceram no mesmo ambiente cultural e histórico do Império Romano. Ambos os cultos ofereciam um caminho iniciático, marcado por ritos secretos, ensinamentos esotéricos e uma progressão gradual através de graus hierárquicos, prometendo aos seus adeptos uma experiência religiosa transformadora e um conhecimento superior dos mistérios divinos. Esta natureza mistérica comum criou uma linguagem religiosa partilhada, com elementos rituais, simbólicos e conceptuais que se assemelhavam e que facilitavam a compreensão e a comparação entre os dois cultos.

Um dos pontos de convergência mais notáveis é a promessa de salvação e de uma vida após a morte mais auspiciosa, que era central tanto no Mitraísmo como no Cristianismo. Ambos os cultos ofereciam aos seus iniciados a esperança de superar a mortalidade terrena, de transcender o sofrimento e a finitude da existência humana e de alcançar um estado de bem-aventurança no além-túmulo. O Mitraísmo prometia uma ascensão da alma através das esferas planetárias e uma união com o divino reino da luz, enquanto o Cristianismo proclamava a ressurreição dos mortos e a vida eterna no reino de Deus através da fé em Jesus Cristo. Esta preocupação com a salvação e a imortalidade constituía um forte apelo para os habitantes do mundo romano, em busca de consolo perante a incerteza da vida e o medo da morte, tornando ambos os cultos competitivos na oferta de esperança e sentido para além da existência terrena.

As refeições rituais, ou banquetes sagrados, eram outra característica comum a ambos os cultos, embora com formas e significados específicos. Os banquetes mitraicos, realizados nos mitraeus escuros e misteriosos, simbolizavam a comunhão e a fraternidade entre os iniciados, e possivelmente uma comunhão simbólica com as divindades mitraicas. A Eucaristia cristã, a celebração da Última Ceia de Jesus com os seus discípulos, e a partilha do pão e do vinho como corpo e sangue de Cristo, representavam igualmente um ato de comunhão com Cristo e de unidade entre os crentes. Ambos os cultos valorizavam a refeição ritual como um momento sagrado de partilha, de fortalecimento dos laços comunitários e de aproximação ao divino, embora o significado teológico e o contexto ritual específico diferissem em cada caso.

Ambos os cultos também enfatizavam a importância de um código ético e moral rigoroso, orientando a conduta dos seus adeptos e moldando o seu caráter. O Mitraísmo valorizava virtudes como a disciplina, a lealdade, a coragem, o auto-controle e a fraternidade, promovendo um ideal de perfeição moral e de autodomínio entre os iniciados. O Cristianismo pregava o amor ao próximo, a compaixão, a humildade, o perdão e a justiça, propondo um código ético centrado no amor a Deus e ao próximo, e na imitação do exemplo moral de Jesus Cristo. Embora os códigos éticos específicos diferissem em alguns aspetos, ambos os cultos partilhavam a preocupação com a conduta moral e a transformação ética dos seus adeptos, apresentando-se como caminhos de vida que exigiam um compromisso moral e uma busca pela virtude.

    A dimensão comunitária e a fraternidade eram igualmente importantes tanto no Mitraísmo como no Cristianismo. Ambos os cultos promoviam um forte senso de pertencimento a uma comunidade coesa, unida por crenças e práticas em comum, e por laços de fraternidade e solidariedade mútua. Os mitraeus, como espaços rituais fechados e reservados aos iniciados, criavam um ambiente íntimo e familiar, onde os membros do culto se reuniam regularmente, partilhavam os mistérios e fortaleciam os seus laços sociais. As comunidades cristãs, organizadas em igrejas locais, ofereciam igualmente um espaço de convívio, de apoio mútuo e de fraternidade espiritual entre os crentes, proporcionando um sentimento de pertencimento e de identidade coletiva. Ambos os cultos reconheciam a importância da dimensão social da religião e do apoio comunitário para o crescimento espiritual e a vivência da fé.

    Finalmente, em termos teológicos, ambos os cultos apresentavam tendências monoteístas, embora com nuances importantes. O Mitraísmo, embora mantivesse um panteão de divindades auxiliares, centrava-se na figura de Mitra como divindade suprema e ordenadora do cosmos, e tendia para uma forma de henoteísmo ou mesmo de monolatria, com a adoração primordial direcionada a Mitra, e as outras divindades subordinadas ao seu poder. O Cristianismo, desde as suas raízes judaicas, era explicitamente monoteísta, proclamando a existência de um único Deus, criador do universo, embora com a doutrina trinitária a introduzir uma complexidade na compreensão da divindade. A ênfase na unicidade divina, ou pelo menos na primazia de uma divindade suprema, era um elemento comum a ambos os cultos, distinguindo-os das religiões cívicas romanas mais explicitamente politeístas.

Apesar destas semelhanças notáveis, as diferenças entre Mitraísmo e Cristianismo eram igualmente significativas, e acabariam por ser decisivas para o seu percurso histórico divergente. Estas diferenças radicavam nas origens, na teologia, nas práticas rituais, na estrutura social e na mensagem fundamental de cada culto, delineando dois caminhos religiosos distintos no contexto do mundo romano.

As origens e o contexto histórico dos dois cultos diferem substancialmente. O Mitraísmo emergiu de origens obscuras e debatidas, possivelmente com raízes em tradições religiosas persas ou indo-iranianas, mas configurando-se de forma distinta no mundo romano, talvez como uma criação sincrética do período imperial. O Cristianismo, por outro lado, tem origens claramente judaicas, surgindo no contexto do judaísmo palestinense do século I d.C., e centrando-se na figura histórica de Jesus de Nazaré, cuja vida, morte e ressurreição constituem o fundamento da fé cristã. Esta diferença nas origens históricas e geográficas influenciou profundamente o desenvolvimento e as características de cada culto.

A figura central de cada culto também apresenta diferenças fundamentais. Mitra era uma figura mítica, cercada de mistério e envolta em narrativas míticas e iconográficas complexas, mas sem uma existência histórica verificável. Jesus Cristo, pelo contrário, era uma figura histórica, cuja existência e atividade na Palestina do século I são atestadas por fontes históricas, tanto cristãs como não-cristãs, embora a sua natureza divina seja uma questão de fé e de interpretação teológica. O caráter histórico de Jesus Cristo conferia ao Cristianismo uma ancoragem na realidade terrena e uma palpabilidade que faltava ao Mitraísmo, cujo fundador permanecia no domínio do mito e da lenda.

A mitologia de cada culto delineava narrativas religiosas distintas. O Mitraísmo centrava-se no mito da Tauroctonia, o sacrifício primordial do touro por Mitra, e em outros mitos associados à vida e aos feitos de Mitra, constituindo um ciclo mítico complexo e enigmático, transmitido principalmente através da iconografia e da tradição oral. O Cristianismo baseava-se na narrativa bíblica, desde o Antigo Testamento até ao Novo Testamento, com o Evangelho a narrar a vida, os ensinamentos, a morte e a ressurreição de Jesus Cristo, constituindo uma história sagrada linear e narrativa, amplamente disseminada através de textos escritos e da pregação oral. A natureza narrativa e acessível da mitologia cristã, baseada em textos escritos e em uma história relativamente direta, contrastava com o caráter mais misterioso e iconográfico da mitologia mitraica, que exigia iniciação e interpretação esotérica para ser plenamente compreendida.

As práticas rituais de cada culto também apresentavam diferenças significativas. O Mitraísmo caracterizava-se pelos ritos de iniciação nos sete graus, por rituais secretos realizados nos mitraeus escuros e misteriosos, por refeições rituais e possivelmente por hinos e orações litúrgicas, constituindo um sistema ritual complexo e enigmático, cercado de segredo e reservado aos iniciados do sexo masculino. O Cristianismo, inicialmente mais simples e acessível nos seus ritos, desenvolveu gradualmente uma liturgia mais elaborada, centrada na Eucaristia, no batismo, na oração comunitária, na leitura das Escrituras e nos sacramentos, constituindo um sistema ritual mais aberto e participativo, embora também com elementos de mistério e de hierarquia clerical. A natureza secreta e exclusivamente masculina dos ritos mitraicos contrastava com o caráter mais público e universalista dos ritos cristãos, o que influenciou a sua capacidade de atrair e integrar diferentes segmentos da população romana.

A estrutura social dos dois cultos também diferia. O Mitraísmo parece ter-se mantido como uma sociedade secreta e fraternal de iniciados, com uma estrutura hierárquica rígida de sete graus, e com uma adesão predominantemente masculina, especialmente associada ao exército romano e a certos grupos profissionais. O Cristianismo, desde o início, procurou constituir-se como uma Igreja universal e inclusiva, aberta a pessoas de todos os sexos, classes sociais e origens étnicas, com uma estrutura hierárquica eclesiástica em desenvolvimento, mas com uma base comunitária mais ampla e diversificada. A estrutura social mais aberta e universalista do Cristianismo conferiu-lhe uma vantagem na expansão e na atração de um número maior de seguidores, em comparação com o caráter mais restrito e elitista do Mitraísmo.

Finalmente, a mensagem fundamental de cada culto apresentava diferenças cruciais. O Mitraísmo, centrado no mito da Tauroctonia e no culto de Mitra como ordenador do cosmos e garante da ordem cósmica, transmitia uma mensagem de força, disciplina, lealdade e busca pela luz espiritual, com uma ênfase na transformação pessoal e na ascensão da alma para o reino celeste. O Cristianismo, centrado na figura de Jesus Cristo e na mensagem do Evangelho, proclamava o amor de Deus pela humanidade, o perdão dos pecados através do sacrifício de Cristo, a promessa de salvação universal e a importância do amor ao próximo e da justiça social, com uma ênfase na graça divina, na fé e na compaixão. A mensagem cristã de amor universal e de salvação para todos, mais acessível e emocionalmente resonante para muitos, em contraste com a mensagem mais austera e esotérica do Mitraísmo, contribuiu para o seu maior apelo e para o seu sucesso na conquista de fiéis.

Em conclusão, o paralelo entre Mitraísmo e Cristianismo revela um quadro complexo de semelhanças e diferenças. Ambos os cultos, surgidos no mesmo contexto histórico e cultural, partilhavam elementos comuns como a natureza mistérica, a promessa de salvação, as refeições rituais, a ética rigorosa, a dimensão comunitária e tendências monoteístas. No entanto, as diferenças nas origens, na figura central, na mitologia, nos ritos, na estrutura social e na mensagem fundamental delineavam dois caminhos religiosos distintos, com implicações profundas para o seu percurso histórico. Estas diferenças, em última instância, contribuíram para o triunfo do Cristianismo e para o declínio gradual do Mitraísmo.

Capítulo 26
Mitraísmo versus Cristianismo na Busca por Fiéis

A coexistência do Mitraísmo e do Cristianismo no Império Romano não se desenrolou numa esfera de indiferença ou de coexistência pacífica, mas sim num contexto de competição religiosa intensa, marcado por uma rivalidade subtil, mas persistente, na busca por fiéis. Embora a evidência histórica não aponte para confrontos violentos generalizados entre os dois cultos, a dinâmica religiosa da época era caracterizada por uma disputa implícita por espaço, influência e adeptos, onde cada religião procurava afirmar a sua validade, atrair novos membros e consolidar a sua posição no panorama religioso romano. Esta competição e conflito, embora nem sempre explícitos, moldaram a relação entre o Mitraísmo e o Cristianismo, influenciando o seu desenvolvimento, as suas estratégias de expansão e, em última análise, o seu destino no mundo romano tardio. Analisar a competição religiosa entre Mitraísmo e Cristianismo, desvendar as suas formas de manifestação, explorar as estratégias utilizadas por cada culto na busca por fiéis e compreender os fatores que influenciaram esta dinâmica é crucial para entendermos a complexa interação religiosa do período e o eventual declínio de um culto em detrimento do outro.

A natureza da competição entre Mitraísmo e Cristianismo era multifacetada, abrangendo diferentes níveis e formas de manifestação. Não se tratava de um conflito bélico ou de uma guerra religiosa declarada, mas sim de uma competição mais subtil e ideológica, que se desenrolava no campo da persuasão, da pregação, da oferta de benefícios religiosos e sociais e da disputa por corações e mentes. A rivalidade manifestava-se na busca por conversos, na atração de novos membros para cada culto, na tentativa de demonstrar a superioridade da sua doutrina, da sua moralidade e da sua promessa de salvação, e na procura de consolidar a sua influência e legitimidade no seio da sociedade romana.

A competição religiosa entre Mitraísmo e Cristianismo era inevitável devido a vários fatores. Em primeiro lugar, ambos os cultos disputavam o mesmo público-alvo, em grande medida. Embora o Mitraísmo fosse particularmente popular entre os militares e certos grupos profissionais masculinos, e o Cristianismo inicialmente atraísse mais os estratos sociais mais baixos e marginalizados, ambos os cultos, com o tempo, expandiram o seu apelo para diferentes segmentos da sociedade romana, incluindo os centros urbanos, as classes médias e até mesmo algumas elites. A sobreposição no público potencial e a procura por novos adeptos criavam um cenário de competição natural, onde cada culto procurava destacar-se e atrair os indecisos ou os insatisfeitos com outras opções religiosas.

Em segundo lugar, ambos os cultos ofereciam respostas a necessidades espirituais e existenciais semelhantes, procuradas por muitos habitantes do mundo romano tardio. A promessa de salvação pessoal, de vida após a morte, de comunhão com o divino, de sentido para a vida, de apoio comunitário e de um código ético e moral, eram elementos centrais tanto do Mitraísmo como do Cristianismo, e representavam um forte apelo para indivíduos em busca de conforto, esperança e orientação religiosa num período de incerteza e transformação social. A concorrência na oferta de benefícios religiosos e espirituais tornava a comparação entre os dois cultos inevitável, e a escolha entre um e outro dependia de fatores diversos, como a mensagem específica de cada culto, a experiência pessoal, a influência social e o contexto individual.

Em terceiro lugar, a natureza exclusiva de ambos os cultos, embora com nuances diferentes, contribuía para a competição religiosa. O Mitraísmo, como religião de mistério, exigia uma iniciação restrita e um compromisso total com os seus segredos e ritos, delineando uma fronteira clara entre iniciados e não-iniciados. O Cristianismo, com a sua mensagem de exclusividade religiosa, afirmava a unicidade de Deus e a singularidade de Cristo como o único caminho para a salvação, rejeitando o politeísmo pagão e exigindo uma adesão exclusiva e total a fé cristã. Esta exclusividade, em ambos os casos, criava uma dinâmica de "ou um ou outro", reforçando a competição religiosa e a necessidade de convencer os indecisos da superioridade do seu próprio caminho.

As estratégias utilizadas por Mitraísmo e Cristianismo na busca por fiéis refletiam as características distintivas de cada culto e o seu apelo específico para diferentes segmentos da sociedade romana. O Mitraísmo, com o seu caráter mistérico e esotérico, atraía adeptos através do mistério e do segredo, da promessa de um conhecimento superior e de uma experiência religiosa intensa e transformadora através da iniciação. A atmosfera misteriosa dos mitraeus, os ritos secretos, a linguagem simbólica e iconográfica complexa, e a progressão gradual através dos sete graus criavam um senso de exclusividade, de privilégio e de acesso a uma verdade oculta, que podia ser particularmente atraente para indivíduos em busca de uma religião mais profunda e mais envolvente do que os cultos cívicos tradicionais. O aspecto fraternal e comunitário do Mitraísmo, acentuado pelos banquetes sagrados e pela camaradagem entre os iniciados, reforçava o senso de pertencimento e de apoio mútuo dentro da irmandade mitraica, criando laços fortes entre os membros do culto.

O Cristianismo, por outro lado, utilizava estratégias de expansão diferentes, centradas na pregação aberta e na disseminação da mensagem evangélica, na oferta de benefícios sociais e assistenciais e no apelo à conversão pessoal através da fé em Jesus Cristo. A pregação missionária, realizada por apóstolos, bispos e presbíteros, levava a mensagem cristã a diferentes regiões do Império Romano, alcançando um público vasto e diversificado. A tradução das Escrituras para o Latim e a sua ampla disseminação tornavam os textos sagrados acessíveis a um número crescente de pessoas. A prática da caridade e da assistência aos necessitados por parte das comunidades cristãs, através da distribuição de alimentos, do cuidado dos doentes e do apoio aos órfãos e viúvas, demonstrava o amor cristão em ação e atraía adeptos em busca de ajuda material e espiritual. O apelo emocional e pessoal da mensagem cristã, centrada na figura de Jesus Cristo e na promessa de amor e perdão divinos, ressoava com as necessidades individuais e criava um forte impulso para a conversão pessoal e para a adesão à fé cristã.

A competição entre Mitraísmo e Cristianismo não se desenrolou num vácuo social e político, mas sim num contexto histórico específico que influenciou a sua dinâmica e o seu resultado. A expansão do Cristianismo coincidiu com um período de transformações sociais, crises políticas e insegurança religiosa no Império Romano tardio, fatores que favoreceram o crescimento do novo culto e desafiaram a posição das religiões pagãs, incluindo o Mitraísmo. A crise dos valores tradicionais romanos, a perda de confiança nas instituições cívicas, as invasões bárbaras, as guerras civis e as epidemias geravam um clima de ansiedade e de incerteza, que levava muitos indivíduos a buscar consolo, segurança e sentido em novas formas de religiosidade. O Cristianismo, com a sua mensagem de esperança e de salvação para além do mundo terreno, oferecia um refúgio espiritual e uma âncora de fé num contexto de instabilidade e mudança.

O apoio imperial ao Cristianismo, a partir do século IV d.C., com a conversão de Constantino e a progressiva legislação favorável ao Cristianismo e desfavorável ao paganismo, representou um fator decisivo na competição religiosa com o Mitraísmo e com outras religiões pagãs. O favor imperial conferiu ao Cristianismo uma legitimidade e um prestígio social e político que o Mitraísmo nunca alcançou. O patrocínio imperial traduziu-se em apoio financeiro para a construção de igrejas, em isenções fiscais para o clero cristão, em promoção social para os cristãos e em medidas repressivas contra os cultos pagãos, alterando o equilíbrio de poder religioso no Império Romano e favorecendo inequivocamente o crescimento e a consolidação do Cristianismo.

A dinâmica da competição religiosa entre Mitraísmo e Cristianismo também foi influenciada pelas noções de exclusividade, tolerância e intolerância religiosa que caracterizavam o contexto da época. O politeísmo romano tradicional, caracterizado pela tolerância religiosa e pela aceitação da coexistência de diversos cultos e divindades, contrastava com a mensagem de exclusividade do Cristianismo, que rejeitava o politeísmo e proclamava a falsidade de todos os outros deuses. O Mitraísmo, embora fosse uma religião de mistério com ritos restritos aos iniciados, não era necessariamente intolerante em relação a outros cultos, e podia coexistir com outras práticas religiosas no seio da sociedade romana.

A intolerância religiosa, que se tornaria uma característica do Cristianismo dominante no Império Romano tardio, representou um fator de desvantagem para o Mitraísmo e para outras religiões pagãs na competição religiosa. A progressiva legislação anticristã emitida por imperadores cristãos, a partir do final do século IV d.C., proibindo os sacrifícios pagãos, fechando templos pagãos e perseguindo os "hereges" e os "idólatras", criou um ambiente de intolerância religiosa crescente, que marginalizava e reprimia os cultos pagãos, incluindo o Mitraísmo, e que favorecia inequivocamente o monopólio religioso do Cristianismo.

Em suma, a competição e o conflito entre Mitraísmo e Cristianismo na busca por fiéis no Império Romano foram uma realidade complexa e multifacetada, moldada por fatores religiosos, sociais, políticos e culturais. A rivalidade entre os dois cultos, embora nem sempre violenta, desempenhou um papel crucial na dinâmica religiosa do período, com o Cristianismo a ascender gradualmente como um competidor formidável, beneficiando-se de vantagens estratégicas, de apoio imperial e de um contexto histórico favorável, o que contribuiu para o declínio gradual do Mitraísmo e para o triunfo final do Cristianismo como religião dominante do Império Romano.

Capítulo 27
O Declínio Gradual do Mitraísmo

Apesar da sua popularidade e influência consideráveis no mundo romano durante os séculos II e III d.C., o Mitraísmo não conseguiu resistir à ascensão do Cristianismo e, a partir do século IV d.C., iniciou um processo gradual de declínio, que culminou no seu desaparecimento quase completo do panorama religioso do Império Romano no final da Antiguidade. O declínio do Mitraísmo, um fenómeno complexo e multifacetado, não foi o resultado de um único fator, mas sim de uma confluência de causas, que interagiram de forma sinérgica para minar as bases do culto, reduzir o seu número de adeptos e levá-lo à obscuridade histórica. Analisar as causas do declínio do Mitraísmo, explorar os fatores que contribuíram para o seu desaparecimento gradual e compreender a sua trajetória final é essencial para completar o panorama da história do Mitraísmo e para entendermos as dinâmicas religiosas que moldaram o mundo romano tardio e a transição para a Idade Média.

O fator primordial e mais decisivo para o declínio do Mitraísmo foi, sem dúvida, a ascensão e o triunfo do Cristianismo como religião dominante no Império Romano. Conforme explorado anteriormente, o

Cristianismo emergiu como um competidor religioso formidável, disputando o mesmo público, oferecendo respostas alternativas às mesmas necessidades espirituais e existenciais e beneficiando-se de vantagens estratégicas, de apoio imperial e de um contexto histórico favorável. A progressiva conversão da elite romana ao Cristianismo, a legislação imperial favorável ao Cristianismo e desfavorável ao paganismo e a crescente intolerância religiosa por parte das autoridades cristãs criaram um ambiente cada vez mais hostil para as religiões pagãs, incluindo o Mitraísmo, e cada vez mais propício para a expansão e consolidação do Cristianismo.

O apoio imperial ao Cristianismo, a partir do século IV d.C., representou um golpe fatal para o Mitraísmo e para outras religiões pagãs. A conversão do imperador Constantino, a emissão do Édito de Milão (313 d.C.) que concedeu liberdade de culto ao Cristianismo, e a posterior legislação favorável ao Cristianismo e desfavorável ao paganismo iniciaram um processo de cristianização gradual do Império Romano, que alterou profundamente o equilíbrio de poder religioso e marginalizou os cultos pagãos. O patrocínio imperial traduziu-se em apoio financeiro para a construção de igrejas, em isenções fiscais para o clero cristão, em promoção social para os cristãos e, mais importante, na retirada do apoio estatal aos cultos pagãos, e na progressiva supressão dos seus rituais e templos.

A legislação anticristã emitida por imperadores cristãos, especialmente a partir do final do século IV d.C., culminando nos decretos de Teodósio I que tornaram o Cristianismo a religião oficial do Império Romano e proibiram o culto pagão, representou um ataque frontal ao paganismo e selou o destino do Mitraísmo e de outras religiões tradicionais. A proibição dos sacrifícios pagãos, o fechamento e a destruição de templos pagãos, a repressão das práticas rituais pagãs e a perseguição dos "hereges" e "idólatras" criaram um ambiente de intolerância religiosa crescente, que marginalizava e reprimia o paganismo e favorecia o monopólio religioso do Cristianismo. O Mitraísmo, como religião pagã de mistério, foi diretamente afetado por estas medidas repressivas, perdendo o apoio imperial, enfrentando a hostilidade das autoridades cristãs e vendo os seus templos e rituais gradualmente suprimidos.

Para além da perseguição direta, a intolerância religiosa cristã criou um clima social desfavorável ao paganismo, desencorajando a adesão a cultos não cristãos, promovendo a conversão ao Cristianismo e estigmatizando as práticas religiosas pagãs como "idolatria", "superstição" e "obra do demónio". A pregação cristã polemicista, denegrindo os deuses pagãos e os seus cultos, e apresentando o Cristianismo como a única religião verdadeira e moralmente superior, contribuiu para a deslegitimação do paganismo na consciência pública e para a conversão de muitos indivíduos ao Cristianismo, em busca de legitimidade social, de proteção imperial ou de convicção religiosa.

A estrutura social do Mitraísmo, embora inicialmente uma fonte de força, pode ter-se tornado uma limitação a longo prazo no contexto da competição com o Cristianismo. O caráter restrito e exclusivamente masculino do Mitraísmo limitava o seu potencial de expansão e de atração de um número maior de adeptos, em comparação com o Cristianismo, que se apresentava como uma religião universal e inclusiva, aberta a pessoas de todos os sexos e classes sociais. A estrutura hierárquica rígida de sete graus do Mitraísmo, embora pudesse ter sido atraente para certos grupos, podia também ser percebida como excessivamente complexa e exigente para outros, em comparação com a estrutura eclesiástica cristã, que se tornava progressivamente mais organizada e hierárquica, mas mantendo uma base comunitária mais ampla e acessível.

    A perda de apoio militar, tradicionalmente um bastão forte do Mitraísmo, pode ter sido outro fator contribuinte para o seu declínio. A cristianização gradual do exército romano, ao longo do século IV d.C., com a conversão de soldados e oficiais ao Cristianismo e a promoção de valores cristãos no seio das tropas, reduziu a influência do Mitraísmo nos militares e privou o culto de uma base de apoio tradicional e influente. A transferência do centro de gravidade do Império Romano para o Oriente, com a fundação de Constantinopla e o crescente peso das províncias orientais, onde o Mitraísmo nunca tinha alcançado a mesma popularidade que no Ocidente, pode também ter contribuído para o declínio do Mitraísmo, deslocando o foco geográfico do poder e da influência religiosa para regiões menos favoráveis ao culto de Mitra.

A invasão bárbara e a queda do Império Romano do Ocidente, no século V d.C., representaram o golpe final para o Mitraísmo e para outras religiões pagãs no Ocidente europeu. As turbulências políticas, sociais e económicas decorrentes das invasões, a fragmentação do Império, a destruição de cidades e infraestruturas e a instabilidade generalizada criaram um contexto desfavorável para a manutenção e a transmissão dos cultos pagãos, que já se encontravam em declínio sob a pressão do Cristianismo e da legislação imperial. O Mitraísmo, dependente de estruturas comunitárias locais e da manutenção de mitraeus em contextos urbanos e militares, tornou-se particularmente vulnerável à desorganização social e à destruição material causadas pelas invasões.

O desaparecimento do Mitraísmo não foi um evento abrupto e repentino, mas sim um processo gradual de declínio ao longo de séculos, com variações regionais e cronológicas. No século IV d.C., já se observam sinais de declínio em algumas regiões, com a diminuição da construção de novos mitraeus e o abandono de alguns santuários existentes. No século V d.C., com as invasões bárbaras e a queda do Império Romano do Ocidente, o Mitraísmo praticamente desaparece da Europa ocidental, sobrevivendo apenas em algumas regiões isoladas do Oriente e do Império Bizantino, onde também acabaria por ser suprimido pelo Cristianismo dominante.

Os vestígios arqueológicos do Mitraísmo, nomeadamente os mitraeus abandonados, os relevos da Tauroctonia desfigurados ou reutilizados, e os objetos rituais espalhados por museus e coleções, testemunham o declínio e o desaparecimento gradual do culto de Mitra. O silêncio das fontes textuais mitraicas, em contraste com a vocalidade crescente das fontes cristãs e anti-pagãs, reforça a imagem de um culto progressivamente marginalizado, silenciado e esquecido pela história. O Mitraísmo, outrora um culto popular e influente no mundo romano, tornou-se uma religião do passado, cujos mistérios se perderam nas brumas do tempo, deixando-nos apenas vestígios fragmentários e enigmáticos para reconstruirmos a sua história e compreendermos o seu legado.

Em conclusão, o declínio do Mitraísmo foi um processo lento e complexo, impulsionado por uma confluência de fatores, onde a ascensão do Cristianismo desempenhou um papel preponderante, mas onde também contribuíram limitações estruturais do próprio culto, a perda de apoio militar, as transformações sociais e políticas do Império Romano tardio e a intolerância religiosa crescente. O Mitraísmo, incapaz de competir com o dinamismo e a adaptabilidade do Cristianismo, e de resistir à pressão da legislação imperial e da hostilidade cristã, viu as suas bases de apoio gradualmente erodirem-se, o seu número de adeptos diminuir e os seus santuários serem abandonados ou destruídos, desaparecendo assim do panorama religioso romano e deixando-nos apenas vestígios arqueológicos e iconográficos para desvendarmos os seus mistérios e compreendermos o seu papel na história religiosa do mundo antigo.

Capítulo 28
O Legado Duradouro do Mitraísmo

Ao longo desta exploração detalhada do Mitraísmo, percorremos os intrincados caminhos deste fascinante culto de mistério, desvendando os seus segredos, analisando os seus ritos, decifrando a sua iconografia e compreendendo o seu lugar no complexo panorama religioso do Império Romano. Chegados a este ponto de conclusão, é essencial refletir sobre o legado duradouro do Mitraísmo, avaliar a sua importância histórica, ponderar o seu impacto cultural e reconhecer as marcas que este culto enigmático deixou na civilização ocidental, mesmo após o seu declínio e desaparecimento. Apesar de ter sido eclipsado pelo Cristianismo e relegado à obscuridade histórica, o Mitraísmo não se extinguiu sem deixar um rasto significativo, com elementos do seu simbolismo, da sua teologia e da sua experiência religiosa a reverberar, de forma subtil ou mais evidente, em tradições posteriores e na própria cultura ocidental. Estas considerações finais visam sintetizar o legado do Mitraísmo, destacando os seus aspetos mais relevantes e reafirmando a sua importância como objeto de estudo e como testemunho de uma rica e complexa forma de religiosidade do mundo antigo.

Um dos legados mais evidentes do Mitraísmo reside no rico e complexo sistema iconográfico que o culto desenvolveu e que se manifesta nos inúmeros mitraeus espalhados por todo o Império Romano. Os relevos da Tauroctonia, as pinturas murais, as esculturas de Cautes e Cautopates, os ciclos zodiacais, e o vasto bestiário simbólico do Mitraísmo constituem um património artístico e iconográfico de valor inestimável, que continua a fascinar e a intrigar estudiosos, artistas e apreciadores da cultura antiga. A linguagem visual do Mitraísmo, com a sua riqueza de símbolos, alegorias e metáforas, demonstra a sofisticação do pensamento religioso mitraico e a sua capacidade de comunicar mistérios profundos através da imagem e do símbolo. A herança iconográfica do Mitraísmo representa um legado duradouro para a história da arte e da religião, inspirando interpretações diversas e continuando a desafiar a nossa compreensão do mundo antigo.

Para além da iconografia, o Mitraísmo deixou um legado importante no campo da história das religiões e dos cultos de mistério. O Mitraísmo, como um dos mais proeminentes cultos de mistério do mundo romano, representa um exemplo paradigmático deste tipo de religiosidade, caracterizada pela iniciação, pelo segredo, pela experiência transformadora e pela promessa de salvação pessoal. O estudo do Mitraísmo contribui para a compreensão mais ampla dos cultos de mistério da antiguidade, revelando as suas características comuns, as suas variações regionais e as suas influências recíprocas. A comparação do Mitraísmo com outros cultos de mistério, como os mistérios de Elêusis, os mistérios de Dionísio ou os mistérios egípcios, permite traçar paralelos, identificar elementos partilhados e compreender a diversidade e a riqueza da religiosidade mistérica no mundo greco-romano.

O Mitraísmo, na sua competição e contraste com o Cristianismo, também deixa um legado importante para a compreensão da dinâmica religiosa do Império Romano tardio e da ascensão do Cristianismo. A análise da competição entre os dois cultos revela as estratégias de expansão religiosa, os fatores de sucesso e de declínio, e as complexas interações entre diferentes formas de religiosidade num contexto histórico específico. O estudo do Mitraísmo como um "competidor falhado" do Cristianismo permite compreender melhor as razões do triunfo do Cristianismo e do declínio do paganismo no mundo romano, e avaliar a importância de fatores como o apoio imperial, a estrutura social, a mensagem religiosa e o contexto histórico na trajetória de movimentos religiosos.

Embora não se possa falar de uma "influência direta" do Mitraísmo sobre o Cristianismo, a comparação entre os dois cultos revela paralelos e possíveis influências indiretas que merecem ser considerados. A data de 25 de Dezembro, tradicionalmente associada ao nascimento de Mitra e posteriormente adotada pelo Cristianismo para celebrar o Natal, sugere uma possível influência do calendário festivo mitraico na fixação da data natalícia cristã, embora a questão seja debatida e complexa. Alguns símbolos e rituais mitraicos, como o banquete ritual, o uso de luz e trevas na liturgia, e a ideia de uma hierarquia de iniciados, apresentam paralelos com elementos do Cristianismo, embora as interpretações e as origens específicas destes paralelos sejam também objeto de debate e especulação. É importante ressaltar que estes paralelos não implicam uma "filiação" direta do Cristianismo ao Mitraísmo, mas sim a existência de um ambiente cultural e religioso comum, onde ideias, símbolos e práticas religiosas circulavam e se influenciavam mutuamente.

Para além do contexto histórico e religioso estrito, o Mitraísmo também deixa um legado no imaginário popular e na cultura contemporânea. O mistério e o enigma que envolvem o Mitraísmo, a sua natureza secreta e esotérica, a riqueza da sua iconografia e a sua história complexa e fragmentária continuam a despertar a curiosidade e o interesse de leitores, artistas e cineastas. O Mitraísmo inspira obras de ficção, romances históricos, videojogos e documentários, que exploram o seu mundo misterioso e a sua linguagem simbólica, revelando o fascínio duradouro que o culto de Mitra exerce sobre o imaginário contemporâneo. Esta presença na cultura popular, embora por vezes distorcida ou romantizada, demonstra a continuidade do interesse pelo Mitraísmo e pela sua herança enigmática.

O estudo do Mitraísmo, mesmo no contexto académico, continua a ser um campo de investigação vivo e dinâmico, com novas descobertas arqueológicas, novas interpretações iconográficas e novas abordagens teóricas a enriquecer constantemente o nosso conhecimento do culto. A continuidade da investigação científica sobre o Mitraísmo, através de arqueólogos, historiadores da religião, historiadores da arte e filólogos, demonstra a relevância do culto como objeto de estudo e a sua capacidade de despertar o interesse e o esforço de interpretação de gerações de estudiosos. A complexidade e o enigma do Mitraísmo permanecem como um desafio intelectual e como um convite à exploração e à descoberta de novos aspectos deste fascinante culto de mistério.

Em síntese, o legado do Mitraísmo, embora menos visível e direto do que o de outras religiões antigas, é real e multifacetado. A sua herança iconográfica, a sua importância para a compreensão dos cultos de mistério, o seu papel na dinâmica religiosa do mundo romano tardio, a sua presença no imaginário popular e a continuidade da investigação científica sobre o culto testemunham a sua relevância histórica e cultural. O Mitraísmo, mesmo no seu declínio e desaparecimento, deixa-nos um legado duradouro de mistério, de enigma e de fascínio, convidando-nos a explorar os segredos das cavernas sagradas e a desvendar a linguagem visual e mítica de um dos cultos mais intrigantes e enigmáticos do mundo antigo. Com estas considerações finais, encerramos a nossa jornada de exploração do Mitraísmo, esperando ter contribuído para uma compreensão mais profunda e apreciativa deste fascinante e complexo fenómeno religioso do mundo romano.

Epílogo

Ao concluirmos esta jornada pelo mundo misterioso do Mitraísmo, é crucial reconhecer o trabalho incansável de pesquisadores e estudiosos que, ao longo dos séculos, têm se dedicado a desvendar os segredos deste culto fascinante. Sem a sua paixão, rigor e perspicácia, o Mitraísmo permaneceria ainda mais obscurecido pelas brumas do tempo, e a nossa compreensão do passado religioso do Império Romano seria incompleta.

Desde o Renascimento, com o despertar do interesse pela cultura clássica, estudiosos e antiquários têm se debruçado sobre os vestígios arqueológicos e textuais do Mitraísmo, buscando reconstruir a sua história, interpretar os seus símbolos e compreender o seu significado no contexto do mundo romano.

No século XIX, com o desenvolvimento da arqueologia como disciplina científica, as escavações de sítios arqueológicos como Ostia Antica, Roma e Carnuntum revelaram ao mundo a riqueza e a complexidade dos *mithraea*, os santuários subterrâneos do Mitraísmo. A descoberta de relevos, pinturas murais, esculturas e objetos rituais proporcionou uma visão sem precedentes da arte, dos rituais e da vida religiosa dos adeptos de Mitra.

No século XX, a investigação sobre o Mitraísmo intensificou-se, com a publicação de estudos monográficos, a organização de congressos internacionais e a criação de centros de pesquisa dedicados ao tema. Franz Cumont, renomado historiador belga, destacou-se como um dos pioneiros no estudo do Mitraísmo, com a sua obra monumental "Les Mystères de Mithra" (1894-1900), que lançou as bases para a investigação moderna do culto.

Nas últimas décadas, a pesquisa sobre o Mitraísmo tem se expandido e diversificado, com a aplicação de novas metodologias, a análise de novas evidências arqueológicas e textuais, e a incorporação de perspectivas interdisciplinares. Estudiosos como Maarten Vermaseren, Roger Beck, Manfred Clauss e David Ulansey, entre muitos outros, têm contribuído significativamente para o aprofundamento do conhecimento sobre o Mitraísmo, explorando as suas origens, a sua teologia, os seus rituais, a sua iconografia e o seu impacto na cultura ocidental.

A investigação contemporânea sobre o Mitraísmo abrange uma variedade de áreas de estudo, desde a arqueologia e a história da arte até à história das religiões, à filologia clássica e à antropologia cultural. Arqueólogos continuam a escavar e a analisar *mithraea* em diversas regiões do antigo Império Romano, trazendo à luz novos achados e expandindo o mapa da presença do culto. Historiadores da arte e iconógrafos dedicam-se à interpretação da complexa linguagem visual do Mitraísmo, decifrando os seus símbolos, as suas alegorias e as suas mensagens ocultas.

Historiadores das religiões comparam o Mitraísmo com outros cultos mistéricos e religiões da antiguidade, buscando compreender as suas características comuns e as suas especificidades. Filólogos clássicos analisam as escassas fontes textuais mitraicas, buscando extrair delas informações sobre a teologia, os rituais e a organização do culto. Antropólogos culturais exploram o significado social e cultural do Mitraísmo, a sua função na sociedade romana e o seu impacto na construção da identidade individual e coletiva.

O estudo do Mitraísmo, no entanto, não se limita ao passado. O interesse por este culto misterioso transcende o âmbito académico, encontrando ressonância na cultura popular, na arte contemporânea e na própria busca espiritual do homem moderno. O Mitraísmo, com a sua aura de mistério, a sua rica iconografia e a sua promessa de transformação espiritual, continua a fascinar e a inspirar, desafiando-nos a questionar as nossas crenças, a explorar novas formas de espiritualidade e a buscar um significado mais profundo para a nossa existência.

Ao reconhecermos o legado dos pesquisadores e estudiosos do Mitraísmo, celebramos a sua paixão pelo conhecimento, a sua dedicação à investigação e a sua contribuição inestimável para a compreensão do passado. Que o seu trabalho continue a inspirar novas gerações de pesquisadores e a iluminar o nosso caminho na busca pela sabedoria e pela verdade.

www.ingramcontent.com/pod-product-compliance
Lightning Source LLC
LaVergne TN
LVHW041941070526
838199LV00051BA/2868